职业院校汽车专业创新立体化教材

汽车专业职业院校
入学全程指导

主　编　尹力卉　左晨旭
副主编　董　光　贾利军

机 械 工 业 出 版 社

本书详尽地介绍了职业院校汽车类专业的行业现状、发展前景、就业去向、专业要求、素质要求以及在校学习生活的方方面面，包括汽车专业的职业前景、认识我们将要学习的专业、认识汽车职业岗位的就业要求、为走向社会做好准备、必须知道的应聘面试技巧；附录介绍了与在校学习生活密切相关的一些事，包括学生日常行为规范、学籍管理和考核、如何申请助学金和减免学费、军训和国防教育、自我保护的安全意识与应急措施、在校时的医疗与保险、如何申请加入党团组织、如何申请加入学生会组织、如何申请加入社团组织、如何办理学生证和火车票优惠卡。

本书不仅适用于指导职业院校汽车专业新生入学，还适用于指导职业院校汽车类专业学生在校的学习和生活，同时也适合初高中学生填报志愿前对职业院校汽车类专业做详尽的了解。

图书在版编目（CIP）数据

汽车专业职业院校入学全程指导/尹力卉，左晨旭主编．—北京：机械工业出版社，2018.2

职业院校汽车专业创新立体化教材

ISBN 978-7-111-59013-2

Ⅰ.①汽…　Ⅱ.①尹…②左…　Ⅲ.①汽车-高等职业教育-技术学校-入学教育　Ⅳ.①U46

中国版本图书馆CIP数据核字（2018）第016008号

机械工业出版社（北京市百万庄大街22号　邮政编码100037）
策划编辑：母云红　责任编辑：母云红
责任校对：王　欣　封面设计：张　静
责任印制：李　飞
北京铭成印刷有限公司印刷
2018年3月第1版第1次印刷
184mm×260mm·9.5印张·225千字
0001—3000册
标准书号：ISBN 978-7-111-59013-2
定价：30.00元

凡购本书，如有缺页、倒页、脱页，由本社发行部调换

电话服务	网络服务
服务咨询热线：010-88379833	机 工 官 网：www.cmpbook.com
读者购书热线：010-88379649	机 工 官 博：weibo.com/cmp1952
	教育服务网：www.cmpedu.com
封面无防伪标均为盗版	金 书 网：www.golden-book.com

前　言

PREFACE

为推进高职院校汽车类专业教学改革与发展，机械工业出版社于2015年5月23—24日在北京召开“职业院校汽车专业创新立体化课程开发”研讨会，以创新立体化教材为突破口，探讨汽车专业课程的创新和发展，推动职业院校教学内容、教学流程和教学方法改革。

本套创新立体化教材的创新点有以下几方面：

1）在教材的内容组织上，与产业需求、职业标准、生产过程相对接，按照企业真实的技术和装备水平设计理论、技术和实训课程，反映生产服务企业的真实业务流程。

2）在教材的编写方式上，通过真实案例、真实项目激发学生的学习兴趣、探究兴趣和职业兴趣。

3）在教材的表现形式上，采用图片、表格等多种形式，以“互联网＋”的新思维模式，在传统平面教材的基础上通过二维码扫描呈现立体的工作原理、工作情景和真实环境，使教师更容易教，学生更容易学，实现教材与教学资源的配套和融合。

机械工业出版社又于2015年7月27日召开“职业院校汽车专业创新立体化课程开发第二次会议”，进一步探讨确定创新立体化课程的具体实现细节，探讨架构全面、立体的课程体系，探讨职业教育与现代维修企业人才需求的对接。

本书面向职业教育（包括中职、高职高专和应用型本科）入学指导而编写，其特色如下：

1）内容全：涵盖了入学指导、在校学习生活和毕业准备等方方面面。

2）实用性强：贴近现实，从学生入学到实习、毕业准备全过程指导。

本书由五章组成，第一章讲述汽车专业的职业前景，第二章讲述认识我们将要学习的专业，第三章讲述认识汽车职业岗位的就业要求，第四章讲述为走向社会做好准备，第五章讲述必须知道的应聘面试技巧。附录介绍了与在校学习生活密切相关的一些事，包括学生日常行为规范、学籍管理和考核、如何申请助学金和减免学费、军训和国防教育、自我保护的安全意识与应急措施、在校时的医疗与保险、如何申请加入党团组织、如何申请加入学生会组织、如何申请加入社团组织、如何办理学生证和火车票优惠卡。

本书由尹力卉、左晨旭担任主编，董光、贾利军担任副主编，参加编写的还有修丽娜、胡志红、张亚梅、王玉娟、成玉莲、王本亮、王乐兴、胡建军、李静、常兴华、李军、毕然、王新志、郑瑞丽。

由于编者水平有限，书中难免存在不妥或错漏之处，恳请读者批评指正。

编　者

目 录

CONTENTS

第一章

CHAPTER 1

汽车专业的职业前景

【引　言】

我国汽车诊断、检测与维修行业每年需要新增近30万从业人员，而目前至少存在80万人的缺口。教育部明确将汽车运用与维修专业列为国家技能型紧缺专业。

随着生活质量的不断提高，我国私人购置轿车的比例已经超过80%，成为汽车消费的主体。因此，相应地，对汽车4S服务技术人员、售后服务人员的需求变得越来越大。汽车4S服务，作为汽车后市场的主体构成部分，主要包括汽车维修保养、汽车美容服务、汽车检测服务、新能源汽车维修、汽车零配件管理、汽车商务营销、汽车客户服务等，且可拓展到其他多个岗位，如仓储物流等。

随着我国进入世界贸易组织，汽车种类不断增加，汽车服务行业的科技含量要求也在不断提高，对于其所需求的行业人才、专才，自然而然，在数量上、质量上也要求越来越高。但由于我国汽车服务行业的发展时间与国外发达国家相比相对较短，汽车技术培训的发展也相对来说较为初步。对于不断引入的新型汽车及先进汽车技术，我国较缺乏维护及检测这类汽车的技能及素质人才。而且现有人员技能培养水平与汽车技术要求的差距正变得越来越大。因此，健全相关技能人才培训机制，重视新型技能人才的培养，才能弥补这个不断扩大的人才缺口，满足社会对汽车技能人员的需求。

所以，在国内汽车诊断、检测和修理行业，既有一定理论基础又技术过硬的高级技术人才供不应求。

【学习目标】

1. 了解我国汽车工业发展的现状。
2. 了解目前汽车上应用了哪些先进的科学技术。
3. 了解职业院校的培养目标。
4. 了解汽车技能人才的职业追求——工匠精神。
5. 了解汽车企业对人才的需求。

【任务描述】

郑睿从小喜欢汽车，不但喜欢各种各样的车模，还喜欢研究汽车的构造和原理。马上就要填报高考志愿了，根据自己的平时成绩，郑睿想报考一所汽车工程技术职业院校。他想选择自己喜欢的汽车维修专业，可是心里没有底，不知道汽车维修专业都学些什么，自己能不能学会，学校会如何教自己学汽车专业技术。

一、蓬勃发展的汽车工业和旺盛的人才需求

从1953年7月第一汽车制造厂在长春破土动工以来，中国汽车工业的发展经历了60多年的时间，尤其是最近十几年里发展更是突飞猛进，截至2016年6月底，全国机动车保有量达2.85亿辆，其中汽车1.84亿辆。如今我国已成为全球最大的汽车市场，2016年我国汽车产销量均超过2800万辆，连续八年蝉联全球第一。因此，今天的汽车已经从“旧时王谢堂前燕”的稀罕物，飞入了寻常百姓家，成为普通大众的一个大物件。

伴随着汽车保有量的持续增长，汽车及汽车相关服务人员的需求十分旺盛。有资料显示，每新增30辆汽车，就需配备1名汽车维修人员。据有关资料显示，我国汽车售后服务行业每年需要新增近30万从业人员，而目前至少存在80万人的缺口。教育部明确将汽车运用与维修专业列为国家技能型紧缺专业。

汽车售后服务作为汽车后市场的主体构成部分，主要包括汽车维修保养、汽车美容服务、汽车检测服务、新能源汽车维修、汽车零配件管理、汽车商务营销、汽车客户服务等，且可拓展到其他多个岗位，如仓储物流等。

随着汽车种类和技术含量的不断增加，汽车售后服务行业对于所需要的人才自然而然地在数量上、质量上也要求越来越高。但由于我国汽车服务行业的发展时间与国外发达国家相比相对较短，汽车技术培训的发展也相对来说处于较低水平，我国在汽车售后服务人才培养方面存在较大的发展空间。对于不断出现的新型汽车及先进的汽车技术，我国较缺乏维修、保养及检测这类汽车的技能型人才。同时，目前人员技能培养水平与汽车技术要求的差距正变得越来越大，因此健全相关技能人才培养机制，重视新型技能人才的培养，才能弥补这个不断扩大的人才缺口，满足社会对汽车服务人员的需求。

所以，在国内汽车诊断、检测和维修行业中，有一定理论基础又技术过硬的人才供不应求；同时，对汽车售后相关服务人员，包括营销人员、配件人员、二手车交易人员、保险理赔人员、客户接待人员等也需求强劲。

二、先进的汽车技术

科技正从四面八方推进着人类的生活，速度之快可谓日新月异，未来的汽车将采用什么材料？用什么能源作为动力？未来，您也许乘电动汽车上班、驾变形跑车兜风……

汽车几乎凝聚了人类所有的智慧、所有的发明创造和所有的设计，因此汽车值得我们用一生去探究它的奥秘。

1. 新能源汽车

能源作为世界发展的推动力，在人类诞生与发展中伴随着历史的车轮和我们一路走来。人类历史的发展史就是能源利用的发展史。目前最主要的能源来自于石油。石油不但污染环境，而且是不可再生能源，人类必须在油井枯竭之前开发出新能源。

电动汽车是依靠电能驱动的车辆，是指汽车完全或部分由电力通过电机驱动，实现低排放和零排放，可分为纯电动汽车、混合动力汽车和燃料电池汽车。

（1）纯电动汽车　纯电动汽车是完全由电池（铅酸电池、镍镉电池、镍氢电池或锂离子电池）提供动力的汽车。纯电动汽车被认为是汽车工业的未来，其突出优点是实现了零排放，主要缺点是充电基础设施投入的社会成本高，充电站不够普及，电池价格昂贵且电池的充放电能力有待提高。

（2）混合动力汽车　混合动力汽车是在纯电动汽车开发过程中为了推动市场化而产生的新车型。由于当前电动汽车用的电池性能还不理想，一次充电后汽车续驶里程尚未达到传统汽车的水平，同时充电、维修等基础设施的建设需要资金，于是出现了混合动力电动汽车，即利用两种不同动力驱动的汽车。

纯电动汽车

混合动力汽车

（3）燃料电池汽车　燃料电池汽车是以燃料电池作为动力源的电动汽车，利用氢气和氧气在催化剂的作用下直接经电化学反应产生电能，具有能量转化效率高、排放无污染的特点。

2. 生物质能源汽车

生物质是指一切有生命的可以生长的有机物质，即生物形态存储着可再生的能量。生物质能源种类繁多，其中生物柴油是生物质能源中一种高品质的新型能源，已被国际汽车行业认同，可能是汽车近、中期使用的清洁能源。

生物柴油是指以油料作物、野生油料植物和工程微藻等水生植物油脂，以及动物油脂、餐饮垃圾油等为原料油通过酯交换工艺制成的可代替石化柴油的再生性柴油燃料，是优质的石化柴油代用品。

与传统石化柴油相比，生物柴油具有不含硫、排烟少、润滑性能好、使用安全等优势，目前全球生物柴油的主要应用领域是为汽车提供动力燃料。使用生物柴油的车辆无须改装，只需与普通柴油按照一定比例调和即可。

燃料电池汽车

生物质能源汽车

3. 太阳能汽车

太阳能是一种新型能源，它取之不尽、用之不竭。太阳能汽车靠太阳电池作为动力源，当太阳照射到车身上的太阳电池板时，根据光电转换原理，立即能产生直流电，供给直流电机运转，驱动汽车行驶。

太阳能汽车

4. 燃气汽车

燃气汽车主要有液化天然气汽车（简称 LPG 汽车或 LPGV）和压缩天然气汽车（简称 CNG 汽车或 CNGV）。顾名思义，LPG 汽车以液化石油气为燃料，CNG 汽车以压缩天然气为燃料。

燃气汽车

燃气汽车是清洁燃料汽车。燃气汽车的排放污染大大低于以石油为燃料的汽车，产生的一氧化碳、臭氧和能生成烟雾的可反应烃等有害物质少。燃气汽车的一氧化碳排放量比汽油车减少 90% 以上，碳氢化合物排放减少 70% 以上，氮氧化合物排放减少 35% 以上，二氧化碳排放减少 20%～30%，噪声降低 40%，尾气中不含硫化物及铅和苯。而且天然气是无毒、不致癌、无腐蚀性的气体，所以天然气比汽油更安全。

5. 汽车新材料

随着科学技术的不断发展，汽车的研发及生产阶段越来越多地采用新材料及新工艺，这也使得人们对汽车轻质化、低成本、智能化、经济性和可靠性的要求成为可能。

（1）陶瓷　特种陶瓷具有各种优异、独特的性能，应用在汽车上，对减轻车辆自身质量、提高发动机热效率、降低油耗、减少排气污染、延长易损件寿命、完善汽车智能性功能都具有积极意义。采用新型陶瓷的涡轮增压器比当今超耐热合金具有更优越的耐热性，而重量却只有金属涡轮的1/3。因此，新型陶瓷涡轮可以弥补金属涡轮动态响应差的缺点。采用新型陶瓷的活塞销和活塞环等运动部件，由于重量的减轻，发动机效率可望得到提高。

陶瓷制动器表面的碳硅化合物的硬度接近钻石，制动盘内的碳纤维结构使其坚固、耐冲击、耐腐蚀，让盘片极为耐磨。目前，此类技术除了在F1赛车中应用，在超级民用跑车中也有涉及。

近年来，在航天技术中广泛应用的陶瓷薄膜喷涂技术开始应用于汽车上。这种技术的优点是隔热效果好，能承受高温和高压，工艺成熟，质量稳定。为达到低散热的目标，可对发动机燃烧室部件进行陶瓷喷涂，如在活塞顶和缸套喷氧化锆。经过这种处理的发动机可以降低散热损失，减轻发动机自身重量，减小发动机尺寸，降低燃油消耗量。

陶瓷制动器

（2）纳米材料　纳米材料及技术将成为第5次推动社会经济各领域快速发展的主导技术，纳米技术将在汽车结构、节能、环保等方面获得广泛的应用。纳米陶瓷材料的耐磨性高、重量小、稳定性强。纳米陶瓷轴已经应用在奔驰等高级轿车上，具有转速高、重量小、稳定性强、使用寿命长等优点。

纳米汽油是一种利用现代最新纳米技术开发的汽油微乳化剂，可降低油耗10%～20%，降低废气中有害气体含量50%～80%。

纳米润滑剂是采用纳米技术改善润滑油分子结构的石油产品，它不对任何润滑油添加剂、稳定剂、处理剂、发动机增润剂或减磨剂等产生不良作用，只是在零件金属表面自动形成纯烃类单个原子厚度的一层薄膜。

纳米增强增韧塑料可以代替金属材料，由于其重量轻，可广泛用于汽车，可以大幅度减轻汽车重量，达到节省燃料的目的。可以用于汽车上的保险杠、座椅、翼子板、顶篷盖、车门、发动机盖、行李舱盖以及变速器箱体、齿轮传动装置等一些重要部件。抗紫外线老化塑料能够吸收和反射紫外线，比普通塑料的抗紫外线能力提高20倍以上，能有效延长其使用寿命。无机纳米抗菌塑料加工简单，广谱抗菌，24h接触杀菌率达90%，无副作用，可以用在车门把手、转向盘、座椅面料、储物盒等易污部件上。

（3）复合材料　复合材料是一种多相材料，是由有机高分子、无机非金属和金属等原材料复合而成的。目前玻璃纤维增强树脂复合材料和碳纤维增强树脂复合材料在汽车上已经获得成功的应用。

玻璃纤维增强树脂复合材料耐腐蚀、绝缘性好，特别是有良好的可塑性，对模具要求较低，生产周期短，成本较低。在车辆生产过程中，可采用玻璃纤维增强树脂复合材料制造轿车车身覆盖件、客车前后围覆盖件和货车驾驶室等零部件。

（4）稀土材料　我国稀土资源丰富，居世界前列。在世界已探明的稀土储量中，我国占80%左右，为我国大力开发稀土材料提供了得天独厚的条件。

使用汽车废气净化催化剂是控制汽车废气排放、减少污染最有效的手段。含稀土的汽车废气净化催化剂价格低、热稳定性好、活性较高、使用寿命长，引起了人们的广泛关注。

汽车废气净化稀土催化剂所用的稀土成分主要是氧化铈、氧化镧和氧化镨等。用于汽车废气净化催化剂的载体通常为蜂窝陶瓷，稀土还可以作为陶瓷载体的稳定剂以及活性涂层材料等。

（5）镁合金　镁的密度较小。与铝一样，纯镁也无法提供浇注曲轴箱所需的特性，与其他金属铸成合金可弥补这种不足。宝马 N52 发动机是首个使用镁合金曲轴箱的水冷式标配发动机。

（6）空腔注蜡　空腔注蜡就是在车身底部 4 个空腔中打入一定量的液态蜡，经过特定工艺流程处理后使留在车身空腔内部的蜡形成均匀的保护蜡膜，令水滴无隙可入，从而保证整车良好的防腐性能。

汽车车身在造出来之后，要经受 5 ~ 10 年甚至更长时间的考验，在这期间，环境可能很恶劣。生锈（被氧化）是众多金属的基本化学特性，在常温下就会慢慢发生，特别是汽车常用的钢铁材料，一旦生锈，产生的氧化铁会吸附空气中的水分子，造成更严重的锈蚀。从材料上讲，只要在用钢材，就没法避免生锈。镀锌钢板也不能完全防止生锈。

汽车车身中有许多的空腔，这些空腔对于增加车身强度和降低车身重量非常重要，在普通的防锈涂装过程中，这些空腔是没法处理到的。为了防止这种电化学腐蚀从空腔内部发生，技术人员发明了空腔注蜡技术。

（7）塑料圆簧　这是一种纤维增强塑料（FRP）车用弹簧，这种弹簧与应对振动负荷的钢圈具备同样的功能，但重量要轻约 40%。

与传统的钢制弹簧相比，FRP 弹簧所用的“导线”更厚，总体直径更长，圈数更少。最重要的是，这种弹簧的重量要轻得多。FRP 弹簧具有很强的可调性，能够灵活满足底盘工程师的要求，让他们得以将车辆的轴荷和驾乘舒适性与操纵性等特性考虑在内。可调变量包括“导线”的长度、直径和线圈数量。据奥迪汽车公司的工程人员预计，再过数年时间，随着生产方法的进一步完善，FRP 材料的载荷量将随之提高，弹簧本体所需的空间将与目前的钢制弹簧基本相当。

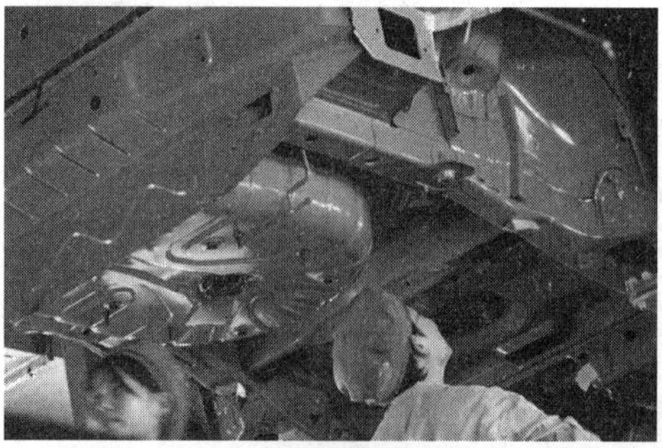

空腔注蜡

塑料圆簧

6. 汽车新技术应用

（1）缸内直喷　缸内直喷就是将燃油喷嘴安装于气缸内，直接将燃油喷入气缸内与进气混合。喷射压力也进一步提高，使燃油雾化更加细致，真正实现精准地按比例控制喷油并与进气混合，并且消除了缸外喷射的缺点。同时，喷嘴位置、喷雾形状、进气气流控制，以及活塞顶形状等的特别设计，使油气能够在整个气缸内充分、均匀地混合，从而使燃油充分燃烧，能量转化效率更高。

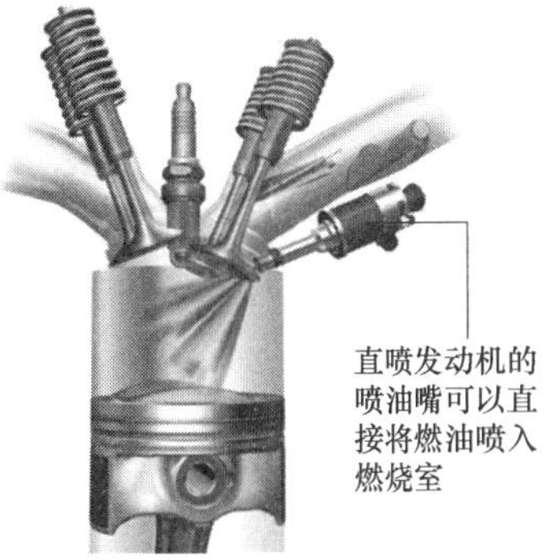

缸内直喷

（2）高压共轨技术　高压共轨技术是指在由高压油泵、压力传感器和电子控制单元（ECU）组成的闭环系统中，将喷射压力的产生和喷射过程彼此完全分开的一种供油方式。由高压油泵把高压燃油输送到公共供油管，通过对公共供油管内的油压实现精确控制，使高压油管压力大小与发动机的转速无关，可以大幅减少供油压力随发动机转速的变化，因此也就减少了传统发动机的缺陷。ECU 控制喷油器的喷油量，喷油量大小取决于燃油轨（公共供油管）压力和喷油器开启时间的长短。

（3）机械增压器　机械增压器压缩机的驱动力来自发动机曲轴。一般都是利用传动带连接曲轴带轮，以曲轴运转的扭力带动增压器，达到增压目的。

（4）发动机远程起动　通过遥控钥匙来远程起动发动机，其原理最为简单：车辆通过遥控钥匙发来的信号起动发动机。整套过程省去了人为进入车内操作的不便，发动机运转时中控锁还处于闭锁状态，有效提供了安全保障。通常来说，远程起动发动机后车辆会连续工作 10min，之后若无收到其他指示则会自动熄火。此种方式同样可以达到提升驾驶室温度的作用。该功能在国外非常常见，在寒冷地区的使用率也颇高，但由于国内大多地区并不处于寒带，为节省成本此功能没有被广泛采用。

（5）BlueDIRECT　BlueDIRECT 是奔驰的第三代汽油缸内直喷技术，搭载这一技术的发动机于 2010 年正式亮相，目前该技术已经较广泛地应用于奔驰的新 V6、V8 以及直列四缸发动机上，它们分别服役于奔驰的 S 级、E 级以及最新的奔驰 B 级和新 ML 车型上。

遥控钥匙

（6）无级变速器　无级变速器（CVT），顾名思义就是没有明确具体的档位，操作上类似自动变速器，但是传动比的变化却不同于自动变速器的跳档过程，而是连续的，因此动力传输持续而顺畅。

BlueDIRECT 技术

无级变速器

（7）直接换档变速器　直接换档变速器（DSG）的换档速度非常快，只需不到0.2s的时间，比技术最好的专业赛车手的手动换档还快，因此同一辆车使用DSG比使用手动变速器（MT）的加速成绩要好。

（8）序列变速器　序列变速器（AMT）是在传统的手动齿轮式变速器基础上改进而来的；它是融合了自动变速器（AT）和MT两者优点的机电液一体化自动变速器；AMT既具有普通自动变速器自动变速的优点，又保留了原手动变速器齿轮传动效率高、成本低、结构简单、易制造的长处。AMT保留了绝大部分原总成部件，只改变其中手动操作系统的变速杆部分，生产继承性好，改造的投入费用少，非常容易被生产厂家接受。

序列变速器

（9）多连杆独立悬架　多连杆独立悬架结构相对复杂，材料成本、研发实验成本以及制造成本远高于其他类型的悬架，而且其占用空间大，中小型车出于成本和空间考虑极少使用这种悬架。但多连杆独立悬架舒适性能是所有悬架中最好的，操控性能也和双叉臂式悬架难分伯仲，高档轿车由于空间充裕且注重舒适性能和操控稳定性，大多使用多连杆独立悬架，可以说多连杆独立悬架是高档轿车的绝佳搭档。

（10）i-AWD智能四驱系统　i-AWD智能四驱系统是日本铃木公司研发的智能转矩分配系统，它能够保证前轮的转矩输出在50%～100%的范围内调节。简单地说，这套系统在一般情况下都表现为前轮驱动，当有车轮出现附着力不足的情况时，系统便会配合车身电子稳定系统（ESP）将四个轮胎上的驱动力重新分配，此时后轮最多可以分配到50%的动力。从结构上看，这套四驱系统采用的依旧是传统的电控多片离合器，只是增加了一个可供驾驶人手动开闭的按钮。这样的好处就是在日常驾驶时选择前驱模式以达到省油的目的，在需要时打开四驱模式，以在冰雪、雨天等湿滑路面上获得更好的行驶稳定性。

（11）并线辅助系统　并线辅助系统也称为盲区监测系统，这一装置的形式是在左右两个后视镜内或者其他地方提醒驾驶人后方有来车。

沃尔沃的盲点信息系统（BLIS）在左右两个反光镜下面内置有两个摄像头，将后方的盲区影响反馈到行车计算机的显示屏幕上，并在后视镜的支柱上有并线提醒灯提醒驾驶人注意此方向的盲区。

奥迪的相应系统称为侧向辅助系统，该系统在反光镜里面内置了一个小灯来提醒驾驶人，而数据是靠车辆雷达获得的，根据雷达的数据判断后方来车的速度和位置。

（12）充气式安全带系统　通常车辆发生撞击意外时，安全带将会产生紧束动作，将驾乘人员紧紧地固定于座椅当中，不过由于碰撞力道惊人，也往往发生乘员被勒伤的情形。为

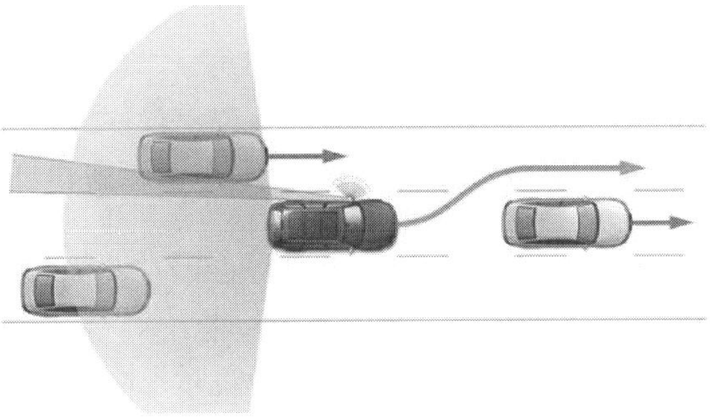

并线辅助系统

避免此类情况发生，且将乘员的伤害在意外碰撞时降到最低，福特研发部门决定将安全带与安全气囊结合。在原先设计好的安全带中，预留一个空气袋，并设置类似安全气囊的感知装置，而就在安全带产生紧束动作时，此气囊也会同时充气，产生弹性的空间，让安全带紧束时对乘员的伤害不再如此剧烈。

这种新型安全带首先运用在后座，并希望此设计能有效减少乘客头部、脖子与肩部的二次伤害，且由于气囊的大面积保护，更能让乘客躯干部位的伤害降低，因安全带紧束而挤压内脏的情况，希望可以通过这项创新来改善。

（13）自动驻车　自动驻车是一种自动替驾驶人进行驻车制动的功能，启动该功能之后，在停车等红绿灯的情况下，就不用进行驻车制动了，这个功能特别适用于上下坡以及频繁起步停车的时候。

（14）轮毂电机技术　轮毂电机技术又称车轮内装电机技术，它的最大特点就是将动力、传动和制动装置都整合到轮毂内，从而将电动汽车的机械部分大大简化。

与电机集中动力驱动相比，轮毂电机技术具备很大的优势，它布局更为灵活，不需要复杂的机械传动系统，同时也有自己的显著不足，比如密封和起步电流/转矩间的平衡关系，以及转向时驱动轮的差速问题等。如果能在工程上解决这些难题，轮毂电机技术将在未来的新能源车中拥有广阔的前景。

（15）虚拟保险杠　采用虚拟保险杠技术后，凯迪拉克新车的前后自动制动系统能够帮助驾驶人在即将发生碰撞时自行制动，成为制动的最后机会。不管是在交通繁忙时还是在停车场上，或者是驾驶人在道路上行驶未能及时发现前方有其他车辆或障碍物时，虚拟保险杠都能发挥作用。这样车辆仿佛增加了虚拟的大型保险杠，从而降低撞车风险。

自动驻车

虚拟保险杠

（16）自适应前照灯　自适应前照灯能够根据汽车转向盘角度、车辆偏转率和行驶速度，不断对前照灯进行动态调节，以适应当前的转向角，保持灯光方向与汽车的当前行驶方向一致，确保对前方道路提供最佳照明，并为驾驶人提供最佳可见度，从而显著增强了黑暗中驾驶的安全性。在路面照明差或多弯道的路况中，自适应前照灯不但可扩大驾驶人的视野，而且可提前提醒对方来车。

（17）车道偏离预警系统　车道偏离预警系统提供智能的车道偏离预警，在驾驶人无意识（驾驶人未打转向灯）偏离原车道时，能在偏离车道 0.5s 之前发出警报，或转向盘开始振动以提醒驾驶人目前车辆偏离的状况，为驾驶人提供更多的反应时间，大大减少了因车道偏离引发的碰撞事故。

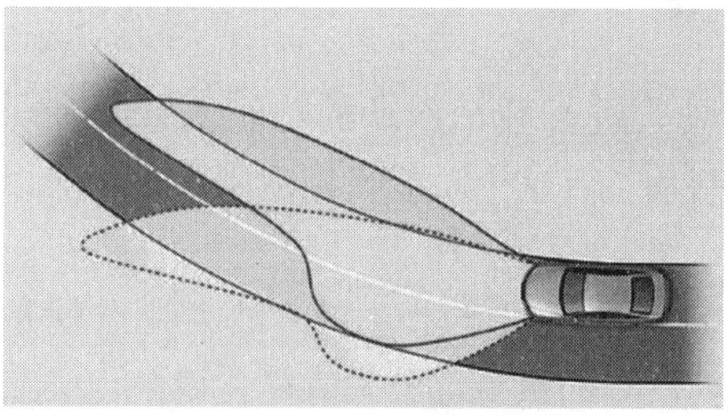

自适应前照灯

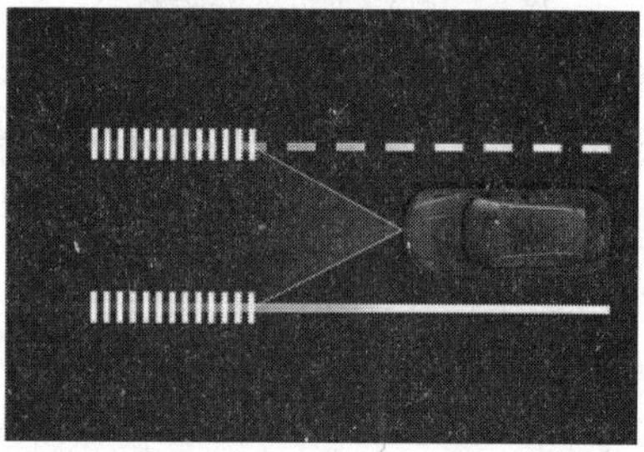

车道偏离预警系统

（18）汽车防撞预警系统　汽车防撞预警系统主要用于协助驾驶人避免高速、低速追尾，高速中无意识偏离车道，与行人碰撞等重大交通事故。它像第三只眼一样帮助驾驶人，持续不断地监测车辆前方道路状况，系统可以识别判断各种潜在的危险情况，并通过不同的声音和视觉提醒，帮助驾驶人避免或减缓碰撞事故。

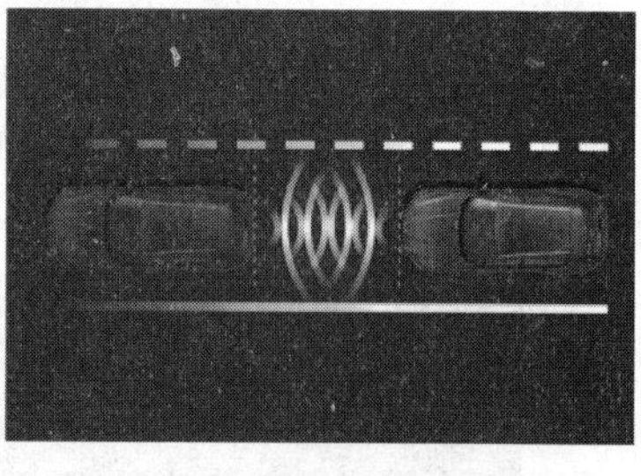

汽车防撞预警系统

（19）盲点警告系统和后方交叉道路警告系统　盲点警告系统、后方交叉道路警告系统，可以在视觉死角及两侧或尾部盲点区域有物体出现时给予提示。该系统能有效避免在行驶中变道时因为盲点而与其他车辆所造成的碰撞。奔驰的盲点警告系统靠装载在车身前后的感应器探测车身四边 3m 范围内有没有其他车辆靠近，如果有的话，后视镜就会出现一个红色的箭头提示驾驶人此时变道危险。如果驾驶人执意变道，不仅箭头会闪动，车内还会发出警告声。

（20）自适应巡航控制系统　自适应巡航控制系统是一种智能化的自动控制系统，它是在早已存在的巡航控制技术的基础上发展而来的。在车辆行驶过程中，安装在车辆前部的车距传感器（雷达）持续扫描车辆前方道路，同时轮速传感器采集车速信号。当与前车之间的距离过小时，自适应巡航控制系统（ACC）可以通过与制动防抱死系统、发动机控制系统协调动作，使车轮适当制动，并使发动机的输出功率下降，以使车辆与前方车辆始终保持安全距离。

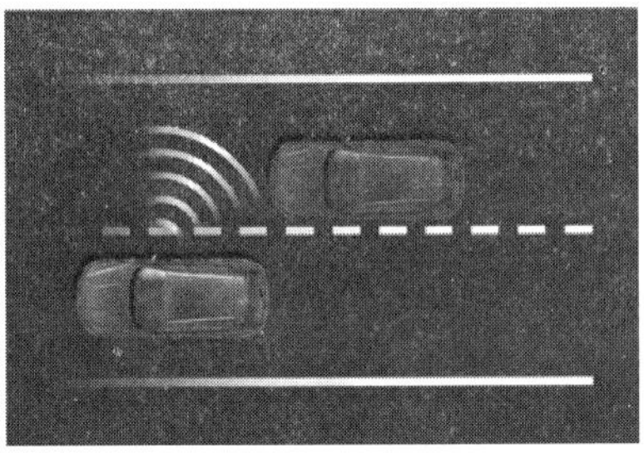

盲点警告系统

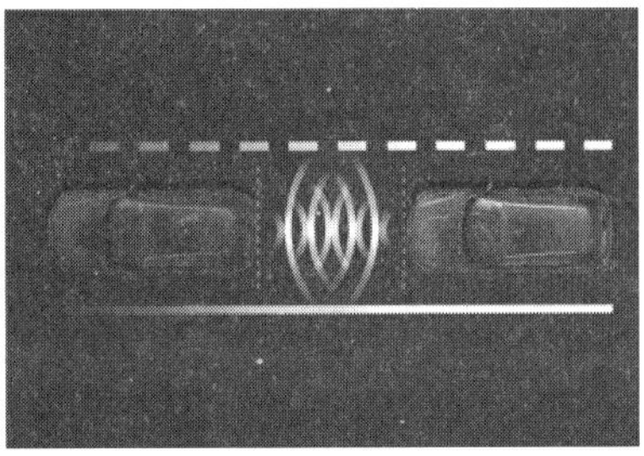

自适应巡航控制系统

（21）倒车影像系统　倒车影像系统可将车载后视摄像头的实时图像进行显示，直观地提示驾驶人车后环境情况，为泊车、倒车提供便利。

倒车影像系统采用远红外线广角摄像装置安装在汽车后部，通过车内的显示屏，可将汽车后部道路的信息清晰地显示出来。由于采用远红外线技术，驾驶人即使在晚上驾驶也能将路况看得一清二楚。系统在汽车挂倒档时，会自动接通位于汽车后部的远红外线广角摄像装置，将车后状况清晰地显示于倒车液晶显示屏上。倒车影像系统比全方位倒车雷达更加直观、可靠。

倒车影像系统

（22）车载导航系统　车载导航系统，其内置的全球定位系统（GPS）天线如果接收到环绕地球的 24 颗 GPS 卫星中的至少 3 颗所传递的数据信息，结合储存在车载导航系统内的电子地图，通过 GPS 卫星信号确定的位置坐标与此相匹配，就可以确定汽车在电子地图中的准确位置，这就是平常所说的定位功能。在定位的基础上，该系统可以通过多功能显视器提供最佳行车路线、前方路况以及最近的加油站、餐厅、酒店等信息。

（23）自动泊车系统　自动泊车系统就是通过电子技术自动操控汽车做出驾驶人的停车动作，这时驾驶人可以完全松开双手，仅仅靠制动控制一下车速就可以了。

汽车导航系统

自动泊车系统

（24）胎压监测系统　在轮胎的轮毂或气嘴上安装一个传感器，传感器中包括感应气压的电桥式电子气压感应装置，它将气压信号转换为电信号，通过无线发射装置将信号发射出来。传感器发射出来的气压信息由接收机接收处理后，在安装在驾驶台上的显示器中显示出来，在行驶过程中实时地进行监视。驾驶人从监视器上就可以清楚地知道每个轮胎的气压值以及温度值；当轮胎的气压及温度有异于设定的标准值时，监视器将自动报警。驾驶人从而可以及时地对轮胎的异常情况进行处理，有效避免事故发生。

（25）夜视仪系统　夜视仪系统使夜晚行车的安全性大大增强，它可以让驾驶人看到行人、慢跑者、骑自行车的人或者野生动物，而且要比从前照灯光束中看到的快速得多。另外，夜视仪系统还具有可根据行驶状态进行左右摇摆拍摄的功能，以及通过变焦放大显示被拍物体的功能。

夜视仪系统

7. 智能网联汽车

智能网联汽车就是搭载先进的车载传感器、控制器、执行器等装置，并融合现代通信与网络技术，实现车与 *X*（人、车、路、后台等）智能信息交换共享，具备复杂的环境感知、智能决策、协同控制和执行等功能，可实现安全、舒适、节能、高效行驶，并最终可替代人来操作的新一代汽车。

智能网联汽车是一个集环境感知、规划决策、多等级辅助驾驶等功能于一体的综合系统，它集中运用了计算机、现代传感、信息融合、通信、人工智能及自动控制等技术，是典型的高新技术综合体。目前对智能网联汽车的研究主要致力于提高汽车的安全性、舒适性，以及提供优良的人车交互界面。近年来，智能网联汽车已经成为世界车辆工程领域研究的热点和汽车工业增长的新动力，很多发达国家都将其纳入到各自重点发展的智能交通系统当中。

智能网联汽车与一般所说的自动驾驶有所不同，它指的是利用多种传感器和智能公路技术实现的汽车自动驾驶。智能网联汽车首先有一套导航信息资料库，存有全国高速公路、普通公路、城市道路以及各种服务设施（餐厅、酒店、加油站、景点、停车场）的信息资料；其次是GPS定位系统，利用这个系统可精确定位车辆所在的位置，与道路资料库中的数据相比较，确定以后的行驶方向；道路状况信息系统，由交通管理中心提供实时的前方道路状况信息，如堵车、事故等，必要时可及时改变行驶路线；车辆防碰系统，包括探测雷达、信息处理系统、驾驶控制系统，控制与其他车辆的距离，在探测到障碍物时及时减速或制动，并把信息传给指挥中心和其他车辆；紧急报警系统，如果出了事故，自动报告指挥中心进行救援；无线通信系统，用于汽车与指挥中心的联络；自动驾驶系统，用于控制汽车的点火、改变速度和转向等。

智能网联汽车

智能网联汽车是一种正在研制的新型高科技汽车，这种汽车不需要人去驾驶，人只需舒服地坐在车上享受高科技的成果就行了。因为这种汽车上装有相当于汽车的“眼睛”“大脑”和“脚”的摄像机、电子计算机和自动操纵系统之类的装置，这些装置都装有非常复杂的计算机程序，所以这种汽车和人一样会“思考”“判断”“行走”，可以自动起动、加速、制动，可以自动绕过地面障碍物。在复杂多变的情况下，它的“大脑”能随机应变，自动选择最佳方案，指挥汽车正常、顺利地行驶。

智能汽车的“眼睛”是装在汽车右前方、上下相隔 50cm 的两台摄像机，每台摄像机内都有一个发光装置，两台摄像机可同时发出光束，交汇于一定距离，物体的图像只有在这个距离才能被摄取而重叠。“眼睛”能识别车前 5 ~ 20m 之间的台形平面、高度为 10cm 以上的障碍物。如果前方有障碍物，“眼睛”就会向“大脑”发出信号，“大脑”根据信号和当时当地的实际情况，判断是否通过、绕道、减速或紧急制动和停车，并选择最佳方案，然后以电信号的方式，指令汽车的“脚”进行停车、后退或减速。智能汽车的“脚”就是控制汽车行驶的转向器、制动器。

智能网联汽车

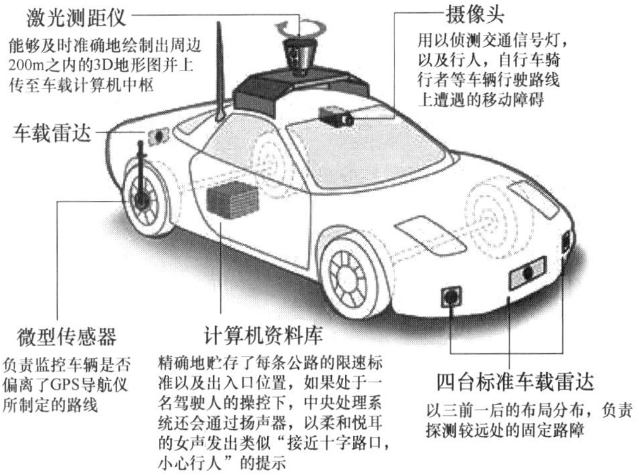

智能网联汽车的装备

三、职业院校——技能人才的摇篮

职业院校是培养专业技能型、实用型人才的摇篮，是提高核心经济竞争力的重要因素。近年来，我国职业院校以科学发展观为指导，坚持以服务为宗旨、以就业为导向，积极拓宽职业教育渠道，初步形成了市场化办学、精细化管理、品牌化提升的特色职业教育及普通教育与成人教育相互结合的职业教育体系，并结合实际特点，创新地开创了基地、招生、就业、培训、教学、科研六位一体的办学教育模式，极大地推进了职业教育的发展，为地方经济建设和社会发展提供智力支持和技能型、实

某职业院校鸟瞰图

用型人才保障发挥着积极的作用。

多年来，在职业院校的发展道路上，职业院校都秉承教育服务社会理念，坚持以“服务为宗旨，就业为导向，技能为本位”的办学方针，不断开拓创新，结合实际确立了“创办特色学校，培养创新人才”的办学理念，确立了卓有成效的“就业有保证、创业有本领、升学有途径”的办学思路。同时，以加大面向区域主导产业需求设置专业，实施多种形式的联合办学相结合的办学宗旨，形成了以中职、高职、应用本科教育为主，集成人教育、技能培训于一体的办学格局，确立了职业院校的发展目标和方向，为职业院校深入发展奠定了坚实基础。

1. 培养技能型、实用型人才

职业院校是培养技能型、实用型人才的摇篮。多年来，职业院校都以“创办特色学校，培养创新人才”为办学宗旨，认真践行科学发展观和开展创先争优活动，积极适应职业院校发展的新要求，努力打造校企合作、校际合作的典范，创建技能型紧缺人才培养培训基地，发展具有地域特色的示范职业院校。

职业院校学生在汽车维修企业实习

校企合作是职业院校发展的重要工作，也是学生实现理想就业的重要途径。为了拓宽就业办学渠道，职业院校可在原有校企合作的基础上，积极寻求与大型企业的合作，以此来拓宽职业教育办学渠道，提高学生就业质量。

校企合作极大地提升了职业院校的办学影响力，同时也得到了社会、家长及学生的极大肯定和认可，校企合作不仅为职业院校提供了良好的实训、就业场所，也为成人教育、技能培训工作提供了生源，对职业教育发展起到了积极的促进作用。

2. 以就业为导向，加强学生管理

职业教育是与经济关系最为紧密的教育领域，是直接培养高素质劳动者的教育，因而职业教育应该以就业为导向。

职业院校应加强学校与企业的联系，与企业沟通，了解实习学生和就业学生的表现，有针对性地加强实习生的管理，确保实习队伍的稳定，促进实习工作的开展，并充分发挥学生会的作用，加强对学生行为规范的管理，重点加强学生在遵守校纪、爱护公物、节约水电、保护环境、卫生保洁、两操、夜间就寝等行为规范等方面的管理，同时不断加强对学生课外时间的管理，及时处理突发问题，积极发挥学生督导队的督导管理，进一步提高学生自我教育、自我管理、自我服务能力。同时，还要注重加强学生会自身建设力度，着重加强学生会干部和学生会新成员的培养教育，以使学生会充分发挥职能。

为推进精神文明建设，职业院校应努力加强文明学校建设，不断引导师生树立建设中国特色社会主义的共同理想，树立正确的世界观、人生观和价值观。职业院校还应结合职业教育的特点，认真贯彻《公民道德建设实施纲要》，弘扬爱国主义精神，以为人民服务为核心、以集体主义为原则、以诚实守信为重点，加强师生的社会公德、职业道德和家庭美德教育，引导师生在遵守道德规范的基础上，追求更高的思想道德目标，有力推进精神文明建设向纵深发展。

为了适应教学发展，职业院校都努力加强教学方法的研究。根据生源文化基础较低、接受能力较差、学习主动性不强的实际情况，职业院校组织教师开展关于教学方法的研究，以寻求适应生源状况的教学方法，取得了较好的效果：确保了教学工作能真正围绕大纲的要求，突出重点，讲透基础，帮助学生理清教材主线，归纳重点内容，引导学生领会知识要点，启发学生掌握学习方法，促进了教与学的有机结合，使教学质量得到巩固和提升。

职业院校正积极努力向着实现就业服务高要求、教育教学高质量、专业建设高品位、基地建设高标准、发展高效益的目标迈进。相信在不久的将来，职业教育将会一枝独秀，成为国家经济建设的突起新军，在经济社会的发展大潮中，为国家经济建设和社会发展提供更加强有力的智力支持和人才保障，在科学发展、协调发展、健康发展的道路上阔步前进。

四、工匠精神——技能人才的职业追求

“工匠精神”的内涵在于精益求精、严谨、耐心、专注、坚持、专业、敬业。工匠精神的目标是打造本行业最优质的产品，其他同行无法匹敌的卓越产品。实施“中国制造2025”，加快制造业转型升级，实现制造大国向制造强国转变，需要培养大批拥有工匠精神的技能人才。

弘扬工匠精神，需要配套的人才机制。要提高优秀技工待遇，打开年轻人的上升通道。如果对工匠精神的推崇、对优秀技术工人的需求，只停留在口头上，是不足以达到目的的，也无法走得长远，更不具备引领效应。应提高“巧匠”“大匠”的收入、待遇，不让他们被基本生存烦忧，才能更安心地投入工作。另外，要开辟优秀技工的上升通道，让年轻人有更大的发展空间；完善技能人才的评价机制与优秀技能人才奖励制度；定期在全社会范围内评选杰出技能人才，树立工匠精神典范。

弘扬工匠精神，需要职业院校敬业致远的源头培养。中国制造要迈向精品制造，怕的是“差不多”的态度，急需的是追求极致和精益求精。德国汉莎航空公司检修发动机时，如果飞机螺旋桨监测中发现一个小斑点，检修工都会将整个螺旋桨全部拆掉组装，坚决杜绝不合格产品。这种认真严谨的工作态度、兢兢业业的敬业精神需要从职业教育的源头点滴培养。国家加大职业教育的投入，职业教育已经把工匠精神及早融入教学内容中去，让青少年在学习的过程中将精神扎根，使更多学生成为职业教育下的专业从业者，让巧匠、巨匠源源不断、后继有人。

弘扬工匠精神，需要“安、专、迷”的精神底色。没有一流技工，就难有一流精品。要鼓励、引导技能型人才成为“安、专、迷”，摒弃浮躁、踏踏实实、一丝不苟。主流媒体要加大宣传力度，营造重视技能人才、支持专精制造的社会氛围，使得工匠精神的培育与弘扬拥有广泛的群众基础。技能人才的成长，离不开社会推、学校教、师傅带，更离不开自己刻苦练、用心钻，点滴累积，凭借板凳甘坐十年冷的态度，久久为功，才能磨炼出叹为观止、名扬天下的绝活绝技。

弘扬工匠精神、培养大国工匠已成为职业教育的时代使命。“大力培育支撑中国制造、中国创造的高技能人才队伍”的呼声，既是国家的希望，也是职业院校不懈追求的目标。

对于职业院校来说，参加专业技能比赛的目的不仅仅是获奖，最终还在于与世界标准接轨，优化学校育人体系，攀登技能培养高峰。

近年来，职业院校以世界技能大赛“技能项目”为平台，借鉴世界技能大赛经验，创新技能人才培养机制，构建了以汽车专业为龙头，机械制造类专业为骨干，数字媒体技术等创意专业为特色，二手车、汽车营销、汽车销售等专业为补充，各专业协调发展的专业结构。

同时，职业院校都把教学改革与技能大赛紧密结合，不断推进竞赛内容的普及化教育。

一方面，职业院校不断丰富设备，购买世界大赛专用设备，让师生借助先进设备提升技能和技术；另一方面，在教学中按照世界标准来指导学生，世界技能大赛对选手的技术应用能力、创新能力、规范质量、任务协作等方面都提出了非常高的要求，要求学生向这些知识点渗透，以做竞赛的心去完成学习任务。

近年来，职业院校优秀毕业生不断涌现，成为现代企业的技术骨干。对接世界技能大赛，用国际职教的思维与眼光，职业院校不断思考探求高技能人才培养的新思路和新发展。

坚持与市场“同频共振”。许多职业院校一年更改一次教学计划，尤其注重专业设置与产业发展零距离、课程体系与行业需求零距离。近几年，许多职业院校还积极进行高技能人才基地建设，在人才培养目标、师资培训、校企合作等方面进一步深入研究、合作。

在坚守与创新中不断走向卓越。职业院校正努力探索高技能人才培养的新模式，通过技能人才队伍的锻造，为实现中国的强国梦贡献才智。

五、汽车维修企业对人才的需求

1. 企业对人才的需求

对于人才的含义，不同人有着不同的理解，大多数人是这样理解人才的：人才是指具有一定的专业知识或专门技能，进行创造性劳动并对社会做出贡献的人，是人力资源中能力和素质较高的劳动者。

在企业中人才的概念是指具有一定的专业知识或专门技能，能够胜任岗位能力要求，进行创造性劳动并对企业发展做出贡献的人，是人力资源中能力和素质较高的员工。

企业的人才总体上包括经营人才、管理人才、技术人才和技能人才。经营人才指企业的单位负责人和部门负责人；管理人才、技术人才是具有中级及以上专业技术资格或本科及以上学历的人员；技能人才是在生产技能岗位工作，具有高级工及以上技能等级或具有专业技术资格的人员。

当前企业要求的人才不是应试人才，而是做事人才。面对日益激烈的市场竞争，企业的生存和发展系于一端，那就是人才的能力。企业的要求也就是职业院校人才培养的标准和目标。

现在的职业院校为适应社会需求，深化课程改革，用创新教学方法，实现学校教学与工作岗位的零距离对接，强化学生的职业技能训练，让学生在走上工作岗位时熟练掌握相关职业的核心技能，拥有自己的核心竞争力，为企业培养了大批优秀人才。可以说，职业院校是为企业培养优秀高技能人才的摇篮。

2. 岗位工作任务和能力需求

汽车维修人员的培养培训已被纳入国家“技能型紧缺人才培养培训工程”。人才市场的有关统计印证了这一说法，近年来汽车维修技师一直位列技能人才需求的前三名。

新开的汽车4S店（即集整车销售、零配件销售、售后服务和维修于一体的汽车售后服务企业）如雨后春笋，每个4S店都需要汽车维修人才、管理人才。近几年职业院校汽车维修技术专业的毕业生供不应求，早早被企业预订一空，也反映出汽车维修人才的紧缺程度。

当前汽车维修业的技术水平已有整体提高，并且有越来越多的大专、本科人才加入。以我国一家高端汽车连锁服务企业为例，该企业对汽车相关专业正规学校出身的大、中专学生尤其需要，这些人才在一线维修前沿锻炼1～2年后，多数已成为企业的技术骨干。

目前，先进的汽车维修方式已从在汽车出现了故障后再去修理，向“定期检测、强制维护、视情修理”的方向转变。此外，汽车维修正在从“修旧式”向“换件式”转变。近年来，更出现了汽车远程诊断技术。因此行业对高技能人才也产生了大量需求，提高了对汽车修理人员的知识、技能等方面的要求。

大量现代化电子检测设备的运用，决定了汽车维修人员在掌握传统的机械维修技术的同时，还必须尽快掌握现代电子维修技术。从维修操作程序来说，现代化的汽车维修分为接车、记录、检测诊断、修理等程序，每个工序的分工不同，对技术人才的要求也就不同。

那些有能力为汽车诊断出故障所在、制订排除故障方案的维修人员才能称为“汽车医生”。而一线维修操作工则可称为“汽车护士”。以对汽车的检测为例，大多数轿车都装备了电控单元，它除了控制汽车的运行状态外，还具有判断、记录汽车故障的功能，那么“汽车医生”将诊断设备通过接口与汽车电控单元相连，读取故障码，就可向“汽车护士”——汽车维修操作工提供故障的症结所在。

从一般的汽修工到“汽车医生”，中间有很大距离。随着汽车电子化、信息化的发展，用于维修和故障诊断的仪器设备越来越先进，汽修人员脑力劳动所占的比例越来越大，对“汽车医生”的需求也越来越大。

据了解，目前高级汽车维修人才缺口非常大，特别是当越来越多汽车维修企业向四位一体“4S”发展时，那些具有销售、管理和维修经验的综合性汽车维修人才最为紧缺，这些人才也正成为汽车维修企业之间相互争抢的重点对象。

由于汽车维修人才有不同的层次，如初级工、中级工、高级工、技师、高级技师等，具体的技术水平要求不同，市场需求量也不同。高层次的人才技术比较全面，综合素质好，能迅速掌握新的汽车维修技术，适应汽车技术快速发展对维修人才的要求，需求量在近一两年呈现扩大趋势；只能从事一般的维护、保养工作，碰到一些技术难题就束手无策的低层次学徒工早已过剩，只懂一点机械维修知识的汽修工也面临危机。

目前汽车维修人才多数是初、中级人才，适应汽车新技术发展需要的高级维修人才匮乏。既懂维修又会组织管理的复合型人才也很缺乏。

现代汽车的科技含量高，维修方法要求规范化，再加上诊断检测设备的智能化、自动化，这些都要求维修企业的从业人员必须以技能型为主。在理论上应对现代汽车的结构原理比较熟悉，掌握计算机应用知识，对传感技术、液压控制、自动控制技术比较熟悉，有一定的英语阅读能力，能直接阅读英文维修手册；在实践技能方面，应能熟练掌握和使用智能化的仪器来检测诊断和维修现代汽车出现的故障。“机电一体化”是当今世界技术领域里的一个新学科，现代汽车可以说是“机电一体化”的典型应用，这就要求维修企业的从业人员不仅要掌握机械构造，而且要有电控理论知识。

3. 企业人才培养目标

通过对数十家汽车检测与维修企业进行有计划的调研工作，笔者发现，几乎所有企业都希望学校的专业教学能注重实践能力及新技术、新工艺的培养，尽量与岗位对接，毕业就能顶岗工作或有一段短暂的工作适应期后就能适应岗位工作；约有75%以上的用人单位把就业者的职业道德和工作态度摆在了首要位置。因为汽车维修事关驾驶人的生命安全，所以汽车维修人才具有良好的职业道德是确保维修质量的首要因素。汽车人才在技术等级上有高低之分，但在服务意识、职业道德方面的要求基本相同。

因此，要加强学生的专业实践能力的培养和综合素质的教育，使学生掌握汽车检测与维修岗位直接需要的知识技能，同时具有良好的职业道德，以培养出全面发展的中级技能人才。

对300多名汽车维修技术专业的学生进行了问卷调查，在回答“来中等职业学校学习的主要目的”一项时，93%的学生选择的是为了提高自己的科学技能水平和就业能力，以便毕业后能找到一份满意的工作。因此，专业培养目标定位必须充分考虑到学生当前就业能力培养的需要，努力提高学生的就业竞争力。

在现代社会中，不仅职业岗位体系由于经济科技的迅猛发展而演化为一个动态系统，而且就业者也经常更换职业岗位。因此，人才不能只适应在某一较窄的职业领域中工作，而应具有一定的就业弹性，不能因工作岗位的变动或内涵的变化而失去自身的工作能力。岗位的变动也必然会影响到学生对专业培养目标的要求，也就是说，专业培养目标的定位不仅要考虑到学生初次就业的具体知识技能要求，而且也要关注其日后择业所需；不仅应使学生获得当前就业必备的知识技能，而且应获得继续学习与提高的能力。

同时，企业技术管理，设备管理、维护与使用都急需大量的高素质人才。结合行业的现状与发展特点，学生的培养，在注重新设备、新技术、新工艺的同时，还应注重加强学生的创业意识教育和创业能力培养，使学生毕业后能够很快适应市场需求，抓住机遇，主动创业。

综合上述几方面的考虑，汽车维修技术专业的培养目标定位为：培养德、智、体等方面全面发展，具有良好的职业素质，面向汽车特约维修服务公司、汽车检测中心（站）、汽车运输公司，从事汽车检测、维修、调试、品质控制及现场管理工作的中级技能型专门人才。

4. 岗位能力需求

汽车维修技术专业人员应当具备以下知识和技能：

1）具有计算机基本操作能力。

2）具有本专业必需的机械、材料、电工和电子、液压技术等基本知识。

3）具有读图和制图基本知识，能够识读一般装配图、绘制简单零件图和进行零件测量。

4）具有汽车构造、使用性能、检测、维护、修理和汽车驾驶的知识和技能。

5）掌握汽车维修企业1～3个工作岗位所需的业务知识、基本技能，并具有初步经验，取得相应的职业资格证书。

【课后练习题】

1. 请你谈一谈未来汽车发展的趋势，设计一辆你理想中的未来汽车。
2. 新能源汽车主要的优点有哪些?
3. 目前市场上汽车的新技术和新材料，其各自的特点是什么?
4. 畅想未来汽车的发展，并描述出来。
5. 未来智能汽车中还有可能用到哪些系统?
6. 请谈谈职业院校汽车专业的学生怎样才能成为一个合格的汽车人。
7. 请谈谈汽车维修企业对人才的需求。

第二章

CHAPTER 2

认识我们将要学习的专业

【引　言】

带着对未来美好的憧憬，我们迈进了职业院校的大门，站在人生的又一个新的起跑线上。美丽的校园、可敬的老师、亲爱的同学们，我们将在这里学习本领，为今后走向社会做准备。那么接下来的几年我们将要学习哪些课程？我们需要具备哪些素养和技能？

【学习目标】

1. 了解中职院校的汽车类专业和培养目标。
2. 了解高职院校的汽车类专业和培养目标。
3. 了解应用型本科院校的汽车类专业和培养目标。
4. 掌握如何申请并进行专业升学。
5. 掌握如何学好汽车专业课。
6. 掌握如何进行专业实习。
7. 掌握如何进行课外拓展。

【任务描述】

郑睿初中毕业后没有考上自己理想的重点高中，他就想与其进一所普通高中，再和重点高中的学生在一起竞争高考，不如去学一门自己喜欢的汽车修理技术。于是他来到汽车工程学校，想选择自己喜欢的汽车维修专业，可是心里没有底，不知道汽车维修专业都学些什么，自己能不能学会，学校是如何教自己学汽车专业技术的。

一、了解中职院校的汽车类专业和培养目标

1. 专业设置

中职有汽车制造与检修、汽车电子技术应用、汽车运用与维修、汽车车身修复、汽车美

容与装饰、汽车整车与配件营销及新能源汽车等汽车专业。

（1）汽车制造与检修　该专业主要面向汽车整车制造企业、汽车维修企业、汽车零部件生产企业。学成后主要在整车制造企业和车辆改装企业的生产线或维修企业工作。培养学生具有汽车专业知识及维修技能，熟练使用诊断仪器、设备对汽车进行保养作业、拆装维修、故障诊断及排除的能力，使其能够从事汽车技术服务和相关业务管理工作，成为德、智、体、美等方面全面发展的高技能应用型人才。

（2）汽车电子技术应用　该专业面向汽车电子企业和新能源汽车企业。培养学生具备电子测量与检测、新能源汽车服务能力，使其能够从事汽车电子企业质量检验、性能鉴定、售后技术支持工作，从事新能源汽车的生产、保养、故障诊断等技术工作，成为具有良好的职业道德意识、精湛的专业技能和可持续发展能力的高素质技能型专门人才。

（3）汽车运用与维修　该专业主要面向汽车维修服务企业。培养学生具备汽车检测维修、服务管理及整车与配件营销能力，掌握汽车结构原理、企业管理及营销等知识，使其能够从事汽车及典型工程机械保养维修、质量检验、索赔管理、整车与配件营销和服务管理等岗位的工作，成为具有良好职业道德和可持续发展能力的高素质技能型专门人才。

汽车制造生产线

汽车维修企业维修车间

（4）汽车车身修复　该专业主要面向汽车售后服务和管理企业。培养学生具有较高的车身精细测量、钣金快速修复、艺术涂装与规划、个性改装与设计、工艺流程优化管理及汽车定损与评估等能力，使其能够从事汽车车身检测及修复、汽车喷漆、汽车美容、汽车保险与理赔、汽车维修企业管理等工作，成为具有良好职业道德和可持续发展能力的高素质技能型人才。

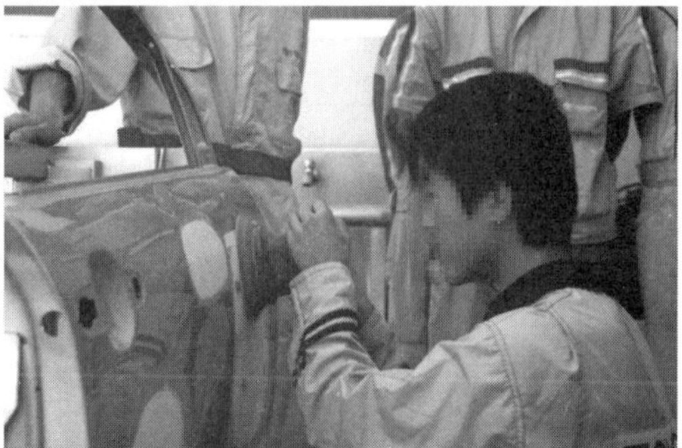

汽车车身修复作业

（5）汽车美容与装饰　该专业主要面向汽车维修服务企业。培养学生具有较高的车身汽车美容与装饰、钣金快速修复、艺术涂装与规划、个性改装与设计、工艺流程优化管理及汽车定损与评估等能力，使其能够从事汽车车身检测及修复、汽车喷漆、汽车美容、汽车保险与理赔、汽车维修企业管理等工作，成为具有良好职业道德和可持续发展能力的高素质技能型人才。

（6）汽车整车与配件营销　该专业主要面向汽车销售服务企业。培养学生具备汽车和配件的销售、营销策划与管理方面的相关技能，使其能够从事汽车销售顾问、汽车服务管理和配件营销等工作，成为具有良好职业道德、事业心和责任感以及精湛的专业技能和可持续发展能力的高素质技能型人才。

汽车美容作业

汽车整车销售大厅

（7）新能源汽车　该专业主要面向新能源汽车制造以及售后服务等企业。培养学生具有新能源汽车安全操作意识和触电急救能力、新车保养和基础维护能力、整车和关键部件维护能力、整车控制系统检测与维修能力，使其能够从事新能源汽车的装配、调整、检测、维修、管理等工作，成为具有良好职业道德和可持续发展能力的高素质技术技能型人才。

新能源汽车

2. 培养目标

针对生源的实际情况，充分发挥本专业自身优势，将学生培养成为具有综合职业能力，具备汽车维修技术的基本理论和专业知识，适应国家经济建设需求的，德、智、体、美、劳全面发展的，能从事汽车运用与维修工作的高素质劳动者。具体目标如下：

（1）综合素质

1）具有良好的道德品质、职业素养、竞争意识。

2）具有健康的身体和心理素质。

3）具有较强的责任心、进取心和坚强的意志。

4）具有良好的人际交往、团队协作能力。

5）具有良好的书面和口头表达能力。

6）具有良好的人文素养和继续学习的能力。

7）具有正确处理群体关系，以积极健康的心态面对现实、面对未来、面对社会的能力。

8）具有与安全生产、环境保护相关的知识和技能。

（2）职业能力

1）行业通用能力。

① 识读图样能力：具有识读中等复杂机械零件图、装配图、电气原理图、接线图的能力。

② 工、量具及机电设备使用能力：具有常用汽车维修保养工、量具选用的能力；具有识读常用机电设备及常用技术资料的能力；具有操作常用机电设备的能力；具有维护和保养常用机电设备的能力；具有机电设备常见故障排除的基础能力。

③ 汽车检修能力：具有识读和查阅发动机、整车常见故障维修技术资料的能力；具有发动机、整车检测仪器操作的能力。

2）职业特定能力。

① 车辆装配能力：具有识读发动机、整车装配技术资料的能力；具有汽车发动机装配的能力；具有整车装配的能力。

② 汽车改装能力：具有汽车机械改装的能力；具有汽车线路改装的能力；具有发动机性能改装的能力。

③ 汽车涂装能力：具有车辆涂装常用仪器、设备使用的能力；具有车辆涂装的能力；具有调色能力。

④ 汽车产品营销：具有汽车整车、零配件产品营销能力；具有售后服务的能力。

⑤ 汽车新能源技术：具有新能源汽车装配的能力；具有新能源汽车检测设备使用的能力；具有新能源汽车检修的能力。

3）跨行业职业能力。

① 具有适应岗位变化的能力。

② 具有企业管理及生产现场管理的基础能力。

③ 具有创新和创业的基础能力。

4）证书要求。本专业的毕业生除完成培养方案要求的课程外，还必须获得以下证书，方可授予毕业证：

① 职业资格证书：汽车修理工技能等级证书。

② 计算机等级证书。

3. 职业岗位分析

本专业的毕业生可在各类汽车维修企业从事汽车发动机维修、底盘维修、汽车电气维修和汽车外形整修等各类汽车维修工作；也可以从事汽车美容美饰、汽车零配件管理、汽车维修业务接待、汽车及配件销售、汽车驾驶等工作。岗位描述及素质与能力要求见表2-1。

表2-1　岗位描述及素质与能力要求

岗位名称	岗位描述	素质与能力要求
汽车机械及控制系统维修	1. 工位设备及工具的维护、管理区域环境的清洁和保持 2. 组织、实施汽车的各级别维护保养 3. 组织、实施对故障车辆进行检测、诊断和维修 4. 与相关人员进行业务沟通和技术交流	1. 有良好的班组内部协调能力，能较好地与部门领导、业务人员及客户进行沟通 2. 熟悉车辆结构和性能 3. 具有丰富的汽车理论知识和汽车维修经验 4. 熟悉汽车维修作业流程 5. 有驾驶执照

（续）

岗位名称	岗位描述	素质与能力要求
新能源汽车维修	1. 工位设备及工具的维护、管理区域环境的清洁和保持 2. 组织、实施新能源汽车的各级别维护保养 3. 组织、实施对新能源故障车辆进行检测、诊断和维修 4. 与相关人员进行业务沟通和技术交流	1. 有良好的班组内部协调能力，能较好地与部门领导、业务人员及客户进行沟通 2. 熟悉新能源汽车结构和性能 3. 具有丰富的新能源汽车理论知识和新能源汽车维修经验 4. 熟悉新能源汽车维修作业流程 5. 有驾驶执照
汽车电气维修	1. 工位设备及工具的维护、管理区域环境的清洁和保持 2. 组织、实施汽车的各级别维护保养 3. 组织、实施对故障车辆进行检测、诊断和维修 4. 与相关人员进行业务沟通和技术交流	1. 有良好的班组内部协调能力，能较好地与部门领导、业务人员及客户进行沟通 2. 熟悉车辆结构和性能 3. 具有丰富的汽车理论知识和汽车维修经验 4. 熟悉汽车维修作业流程 5. 有驾驶执照
汽车维修质量检测	1. 组织、实施对维修后的车辆进行检测 2. 与相关人员进行业务沟通和技术交流	1. 熟悉汽车的具体构造和备件品种，了解汽车维修常识 2. 熟悉汽车维修作业流程 3. 有良好的班组内部协调能力，能较好地与部门领导、业务人员及客户进行沟通
汽车钣金	1. 负责维修进厂车辆钣金业务 2. 负责常用设备的保养及维护 3. 负责车辆钣金业务的检查工作，保质保量按时完成任务 4. 负责所维修车辆、工位、工具的安全及与本岗位工作相关的安全	1. 工作仔细、认真，责任心强 2. 有较强的沟通、表达能力 3. 有扎实的汽车钣金维修知识和丰富的维修经验 4. 有较强的团队合作精神
汽车美容美饰	1. 擦拭车辆，打扫场地卫生 2. 保养、清洁设施和工具 3. 完成车辆的内室、顶篷清洗，真皮座椅镀膜、保养，门板、仪表台镀膜等车辆美容项目	1. 人品好，口才好，工作积极性高，能吃苦耐劳 2. 汽车装饰技术过硬 3. 头脑灵活，心灵手巧，工作认真细致 4. 有一定的审美能力
汽车（拖拉机）装配	1. 工位设备及工具的维护、管理区域环境的清洁和保持 2. 组织、实施汽车总成部件的装配 3. 与相关人员进行业务沟通和技术交流	1. 熟悉车辆结构和性能 2. 熟悉汽车装配作业流程 3. 头脑灵活，心灵手巧，工作认真细致
汽车玻璃维修工	1. 工位设备及工具的维护、管理区域环境的清洁和保持 2. 组织、实施汽车门窗玻璃部件的维修、装配 3. 与相关人员进行业务沟通和技术交流	1. 熟悉车辆结构和性能 2. 熟悉汽车玻璃装配作业流程 3. 头脑灵活，心灵手巧，工作认真细致

（续）

岗位名称	岗位描述	素质与能力要求
汽车备件管理	1. 负责日常零配件入出库工作，保证相关业务按流程开展，保证单据齐全、账目清晰、账物相符 2. 配合计划员做好备件预订和库存控制工作 3. 保持库房干净、整齐、规范管理 4. 安全生产，防火防盗，防止各种事故的发生	1. 具有一定的管理和营销经验 2. 熟悉汽车的具体构造和备件品种，了解汽车维修常识 3. 能够熟练地操作计算机 4. 有驾驶执照
汽车维修业务接待	1. 负责售后服务中客户汽车进厂维修保养的接待和基本故障的诊断工作 2. 与客户保持服务跟踪 3. 与保险理赔、维修等部门进行沟通联系	1. 有较好的部门组织协调能力，能较好地与部门领导和维修人员进行沟通 2. 能够与客户进行有效沟通，准确了解客户需求，正确了解汽车故障现象 3. 熟悉汽车构造，掌握汽车维修诊断能力，能够对车辆故障做初步的分析判断，正确填写报修通知单，出具接车单 4. 掌握汽车售后服务作业流程及计算机操作，熟练使用维修企业管理软件
汽车及零部件销售	1. 向顾客介绍产品和服务 2. 专业地处理顾客投诉 3. 维持与顾客的良好关系，及时更新顾客资料 4. 追踪潜在顾客，促进销售 5. 填写销售报告、表卡 6. 确保展厅和展车整洁，参与制订销售活动、市场开发与促销计划	1. 了解最新的车型以及最新的改进技术 2. 了解汽车系统（基础的汽车设计）和价格、车型、系列、选装以及其他制造厂商的产品 3. 了解竞争产品及其价格 4. 了解销售程序、过程，跟踪程序 5. 了解车型、价格、系列、选装件、保修政策、车身色、标准件、规格等 6. 了解零售批发标准，并严格遵守 7. 会使用计算机和一般的办公室设备（如电话、复印机，传真机等）
汽车驾驶	1. 负责车辆的日常保养、检查工作 2. 负责车辆的正常驾驶，确保正常用车	1. 工作积极主动，服从调度，协助做好有关工作 2. 精通驾驶技术 3. 有较强的组织纪律观念 4. 熟悉汽车构造，掌握汽车维修诊断能力 5. 认真遵守交通规则和操作规程，讲究职业道德

4. 专业定位

毕业生主要面向从事汽车使用、汽车维护、新能源汽车维修、汽车修理和汽车商务等国有企业、合资企业、民营企业的一线工作岗位。

第一岗位能力是汽车维修，可考取汽车维修工中级技能等级证书；第二岗位能力是汽车营销，可考取汽车营销师证；第三岗位能力是汽车售后服务，可考取二手车评估师证。

5. 培养模式框图

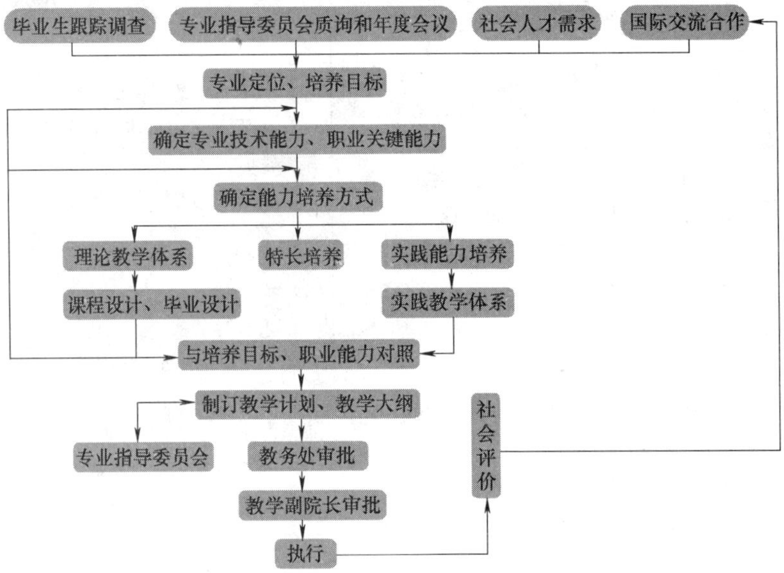

培养模式框图

6. 教学模式

坚持“以学生发展为本”的教学理念，突出能力本位教学，以实践教学为主导，强调实践检验理论，理论指导实践，重视基本技能的经常性训练。

在实际教学中，把“以注重传授知识为主”的教学模式转变为“以培养学生职业行为能力、心理承受能力、生存发展创新能力、与他人合作能力为主”的教学模式。

针对教学特点，整合专业核心课的教学内容，采用项目教学、模拟教学、案例教学、模拟仿真等教学模式，进行综合性教学，通过任务引领，使学生掌握“收集信息—制订计划—组织实施—检查评估—成果反馈—纠正总结”的工作全过程。

同时，创建“班级企业化管理”模式，以班主任为经理，班级干部为部门主管，普通学生为员工，使学生体验企业管理和运行模式，培养学生适应社会的能力。

（1）理论考核　课程考核分为考试（含笔试）、考查两种形式。

1）考试课程：学习成绩根据学生期末考试成绩、期中考试成绩和平时成绩（包括平时考勤、完成实验、课外作业、课堂讨论、平时测验等）综合评定。基本原则：进行期中考试的课程，期末考试成绩占60%，期中考试成绩占20%，平时成绩占20%，其中实验实习比重较大的课程可期末考试成绩占70%，平时成绩占30%；未进行期中考试的课程，期末考试成绩占80%，平时成绩占20%；对于有实践教学的课程，实践教学部分单独评定成绩。

2）考查课程：学习成绩根据平时成绩和阶段性测验成绩综合评定。平时成绩可根据学生出勤、听课、作业、课堂讨论等情况评定，一般测验成绩占总成绩的60%，平时成绩占40%（出勤为20%，听课、作业、课堂讨论等为20%）。

（2）专业技能考核　技能成绩按“优95分，良85分，中75分，及格60分”的标准进行评分。

7. 课程体系架构

现代汽车维修专业培养的应是机电一体化复合型人才，因此，应以应用能力为培养主线，根据汽车维修服务企业职业岗位群，确定职业核心能力，把课程与专业培养目标及专业能力有机结合起来，使教学内容紧贴企业的岗位技术要求，以工作过程为导向构建课程体系的开发设计，完善“工学结合、多岗适应”人才培养模式下的“六模块”课程体系，形成“以就业为导向，以能力为本位”，突出岗位技能的课程结构。在一些课程中，根据实际需要，保留原来部分学科体系的内容。

专业基础课程和专业课程的设置以专业方向为前提，专业课程进一步充实调整电子控制技术原理、计算机应用原理、汽车电气设备和汽车诊断检测技术、汽车诊断仪器设备的应用等内容。汽车构造原理以能代表时代特征的轿车为典型，并及时更新补充新知识，把汽车最新技术、结构、原理和发展趋势方面的信息传递给学生，注重学习方法和解决实际问题的思路的培养，适应汽车技术不断发展的需要。同时将理论知识学习和实践操作的时间比例合理

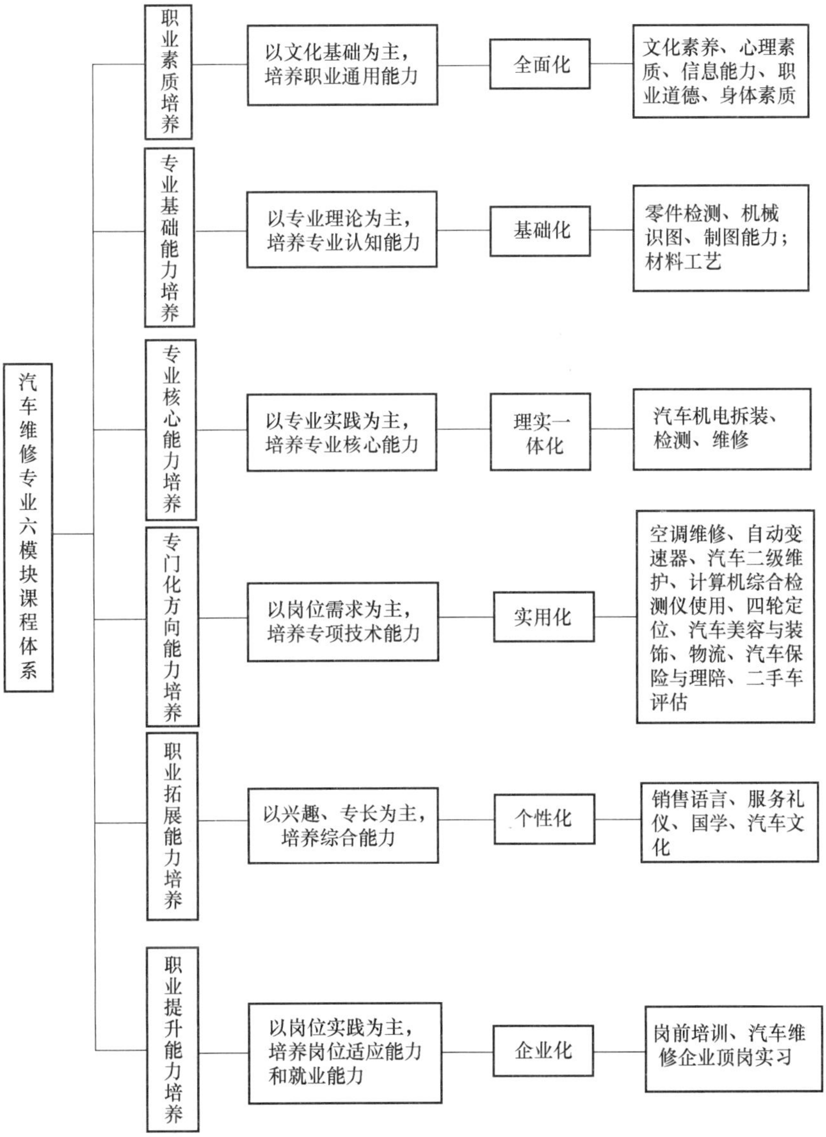

汽车维修专业六模块课程体系

安排，并真正落到实处，注重对学生动手能力的培养，尤其要加强电工基础操作技能的训练，这是维修人员必备的技能。

（1）课程内容及教学要求　六模块课程教学内容及能力要求见表2-2～表2-7。

表2-2　职业素质课程

课程名称	主要教学内容	能力要求	参考课时
语文	1. 语文基础知识 2. 语文写作 3. 口语交际训练	1. 能正常进行人际交流 2. 能准确书写总结和汇报	180
数学	1. 数学基础知识、基本运算 2. 数形结合、逻辑思维训练	1. 能正确进行数学计算 2. 能准确进行空间想象和逻辑思维	72
政治	1. 国家方针政策 2. 政治与经济 3. 职业道德教育与职业指导	1. 能坚持自己的政治理想，拥护共产党的领导，做守法公民 2. 能进行自主择业，立业创业	126
计算机	1. 计算机操作基础知识 2. 计算机文字排版处理 3. 计算机表格编排 4. 网络基础知识	1. 能熟练地进行计算机基本操作 2. 能熟练地进行文字处理、数据处理 3. 初步具有信息获取、整理、加工能力，网上交互能力	144
普通英语	1. 英语常用口语 2. 英语基本语法 3. 英语阅读 4. 英语写作	1. 能听懂简单的英语对话，在工作中进行简单的口语交流 2. 能围绕日常话题进行初步交际，能读懂简单的应用文，能模拟套写语篇及简单的应用文	72
体育	1. 体育与卫生保健的基础知识 2. 运动技能	1. 掌握科学锻炼和娱乐休闲的基本方法 2. 养成自觉锻炼的习惯，全面提高身心素质和社会适应能力	126

表2-3　专业基础课程

课程名称	主要教学内容	能力要求	参考课时
机械制图	1. 机械制图的基本原理 2. 常用零件的画法 3. 常见装配图的画法	1. 具有一定的读图能力 2. 具有机械零件及设备的绘图能力	72
机械基础	1. 常用机械零件的结构、特点和应用 2. 机械运动规律 3. 极限与配合的有关术语及定义 4. 力学基础知识 5. 摩擦与润滑 6. 液压传动	1. 熟悉常用机械工程材料的种类、牌号、性能和应用 2. 熟悉机械传动和通用机械零件的工作原理、特点、应用、结构及标准 3. 了解液压传动机构的组成和工作原理 4. 初步具有分析一般机械功能和动作的能力 5. 初步具有使用和维护一般机械的能力	72

（续）

课程名称	主要教学内容	能力要求	参考课时
汽车材料	1. 汽车常用材料的组成、结构 2. 常用材料的加工及应用	1. 了解汽车常用材料的组成、结构、加工及运用等基础知识 2. 了解汽车常用材料的加工方法	54
汽车专业英语	1. 汽车专业常见英语词汇 2. 汽车上常见英语标识 3. 汽车英语阅读	1. 掌握汽车常用部件的英语名称 2. 熟知汽车上的英语标识 3. 借助工具书能阅读简单的汽车维修资料	72

表 2-4　专业核心课程

课程名称	主要教学内容	能力要求	参考课时
汽车发动机	1. 发动机总体构造 2. 曲柄连杆机构 3. 配气机构 4. 汽油机燃料供给系统 5. 柴油机燃料系统 6. 润滑系统 7. 冷却系统 8. 发动机拆装工艺与磨合 9. 汽车发动机的装配和调整	1. 了解发动机的构造和原理 2. 掌握汽车发动机各部分的组成、原理及检修方法 3. 能进行发动机的拆装 4. 会进行汽车发动机简单故障的诊断与排除	198
汽车电气	1. 汽车电源系统 2. 汽车起动系统 3. 汽车点火系统 4. 汽车照明与信号系统 5. 汽车辅助电气设备 6. 全车电路	1. 掌握汽车电源供应系统、起动系统、点火系统的结构 2. 掌握汽车起动系统、点火系统的工作原理 3. 掌握蓄电池的检测与充电、交流发电机的检测、起动机的检测 4. 了解起动机、点火系统的故障排除 5. 掌握电路图的识读方法	198
汽车底盘	1. 汽车底盘各系统 2. 汽车底盘各总成的构造与工作原理 3. 汽车底盘合理维护和修理的基本理论和方法 4. 汽车底盘常见故障的检测、诊断与排除的基本理论和方法	1. 掌握汽车底盘拆装的方法 2. 掌握正确使用、操作汽车底盘维修与检测工具和设备的方法 3. 掌握检测、诊断与排除汽车底盘常见故障的方法 4. 掌握汽车底盘维护和修理的基本方法 5. 掌握自我学习新知识、适应汽车底盘新结构和新技术发展变化的方法	162

表 2-5 专门化方向课程

课程名称	主要教学内容	能力要求	参考课时
现代汽车电子控制系统构造原理与故障诊断	1. 现代汽车电子控制系统的构造、原理 2. 现代汽车电子控制系统常见故障的诊断 3. 现代汽车诊断设备的使用	1. 能够对汽车电子控制系统的故障进行正确的分析 2. 正确使用汽车诊断设备	162
汽车美容与装饰	1. 汽车美容与装饰的基本知识、操作方法 2. 洗车、打蜡、底盘装甲、汽车防爆太阳膜等常见项目的操作流程	了解并掌握汽车美容与装饰的工作流程与方法	72
汽车保险与理赔	1. 汽车保险种类、条款 2. 现场查勘程序与方法 3. 车辆事故的损伤评定	1. 掌握汽车承保、理赔事务 2. 能够对车辆保险理赔的基本操作过程及险种的分类计算有明确的了解	36
交通法规	交通法规基本知识	掌握交通法规	18

表 2-6 职业拓展课程

课程名称	主要教学内容	能力要求	课时
销售语言服务礼仪	1. 服务用语、社交语言、销售语言的规范要求和技巧 2. 4S 店及销售前台工作规范	1. 掌握在商业活动中应遵循的礼貌、礼节 2. 掌握在社交场合中的仪容、仪表、修饰 3. 掌握在涉外场合中的礼仪规范和要求	36
心理健康	1. 心理学 2. 心理健康的标准 3. 工作学习中的心理健康问题	1. 了解心理健康方面的常识 2. 学会正确面对挫折 3. 抗高压能力	18
国学	1. 中华上下五千年的历史和文化 2. 社交礼仪和规范 3. 论语、三字经	1. 加强对中华文化的认识 2. 能够谨慎处事，宽以待人，在家懂得孝敬父母，友爱兄弟姐妹，在外要讲诚信，懂得弘扬正气	36
音乐	1. 音乐基础 2. 识谱、发声基础知识 3. 演唱技巧	1. 对音乐作品具有一定的欣赏能力 2. 能够参加小型的演唱节目	18

表 2-7 职业提升课程

课程名称	主要教学内容	能力要求	参考课时
顶岗实习	1. 汽车企业的工作职责 2. 汽车的维护保养作业项目 3. 汽车部分总成的维修	1. 了解汽车维修与运用工作的职责范围、内容及技术标准 2. 掌握汽车维修中的技术标准、工作技巧	1200

（2）实训教学安排　根据企业典型工作任务，提炼出汽车实训教学任务，在教学中进行合理安排。典型工作任务及其工作过程见表 2-8。

表 2-8 典型工作任务及其工作过程

序 号	典型工作任务	工 作 过 程
1	汽车各系统的使用与操作	1. 车辆操作手册的阅读与应用 2. 汽车各系统的使用操作 3. 指导客户操作车辆各系统，并予以解释说明 4. 车辆紧急情况下的安全操作
2	汽车各系统的测量与检查	1. 选择测量方法和测量装置，估计测量误差 2. 正确使用常用机械部件、电气部件的测量仪器 3. 检查电气零部件和线路连接的破损情况 4. 正确使用工具进行间隙、长度、角度和面积的测量 5. 正确使用工具测量压力、温度等物理量
3	汽车各系统的维护与保养	1. 厂商汽车维修保养手册的阅读与应用 2. 车辆的移动、举升、支承和安全保护 3. 检查机械和电气零部件的磨损、渗漏、变形和性能 4. 检查液压、气动和电气线路、接口 5. 检测、更换或维护机油、滤清器、冷却液等 6. 检查或调整气动系统、液压系统压力 7. 使用解码器读取故障码 8. 根据检查记录，制订维修的方案和措施
4	车辆零部件和系统的拆卸与安装	1. 能识别汽车装配图、公差配合关系 2. 拆卸分解汽车零部件和系统，检查并进行归类 3. 零部件的整理与清洁 4. 检查零部件的状况、变形和公差配合 5. 根据维修手册进行零部件和系统的安装、调试，以及功能和公差配合的检查 6. 进行基本的维修钳工作业 7. 记录工作内容和工作步骤
5	车辆和各系统故障的检测与诊断	1. 汽车整体性能（动力性、经济性、安全性、操作性、排放等）的测试 2. 标准诊断程序的应用：通过经验检查、性能检测、读取故障码以及对电气、电子、液压、机械等参数的测量和检查，确定故障的范围 3. 借助电路图、接线图等资料确定故障的范围及原因 4. 发动机、底盘、电气系统的故障诊断，故障码的读取与解码 5. 发动机电控系统的检查、诊断、维修和调整 6. 自动换档机构和自动变速器的检查、诊断、维修和调整 7. 制动、转向、行驶等控制系统的检查、诊断、维修和调整 8. 电气系统的检查、诊断、维修和调整 9. 车身辅助电子系统的检查、诊断、维修和调整 10. 撰写检查报告、维修结果评价和记录

（续）

序　号	典型工作任务	工作过程
6	车辆维修质量检验	1. 掌握汽车修竣验收标准和验收规范 2. 进行修竣验收场地准备、设备准备、资料准备 3. 汽车行驶及操作安全的检查、记录，讲解消除缺陷的必要措施 4. 使用解码器等工具确定额定值和实际值，给出调整值，执行调整并记录结果 5. 系统地寻找产生质量缺陷的原因，并记录检查工作 6. 评价维修质量，给出维修是否合格的结论，填写维修信息

二、了解高职院校的汽车类专业和培养目标

高职有汽车制造与装配技术、汽车检测与维修技术、汽车运用技术、新能源汽车、汽车电子技术、汽车技术服务与营销及汽车整形技术等汽车专业。

1. 专业设置

（1）汽车制造与装配技术　该专业主要面向汽车整车制造企业、汽车零部件生产企业、专用车辆改装企业的汽车零部件与整车装配作业、汽车零部件检验与整车装配过程中的过程检验、整车下线检查和调试、汽车性能检测与评价、汽车保险理赔和配件销售检验等各项工作。

（2）汽车检测与维修技术　该专业面向汽车维修企业和品牌4S店。培养学生具有汽车专业知识及维修技能，熟练使用诊断仪器、设备对汽车进行保养作业、拆装维修、故障诊断及排除的能力，使其能够从事汽车机电维修和服务顾问等岗位工作，成为具有良好职业道德和可持续发展能力的高素质技能型专门人才。

汽车制造与装配生产线

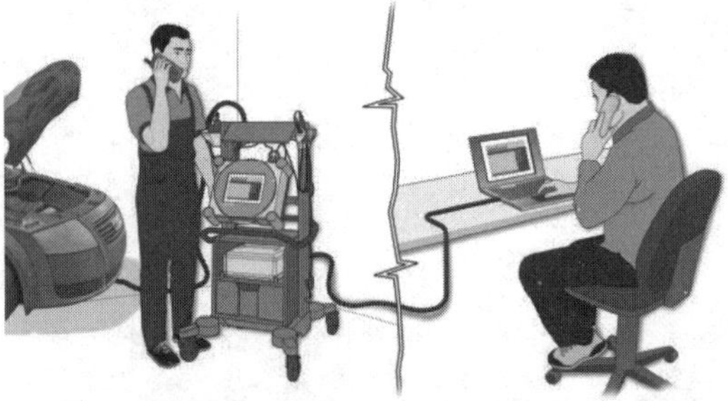

汽车检测与维修

（3）汽车运用技术　该专业主要面向商用车及工程机械销售维修服务企业。培养学生具备商用车及典型工程机械检测维修、服务管理及整车与配件营销能力，掌握商用车和典型工程机械结构原理、企业管理及营销等知识，使其能够从事商用车及典型工程机械保养维修、质量检验、索赔管理、整车与配件营销和服务管理等岗位工作，成为具有良好职业道德

和可持续发展能力的高素质技能型专门人才。

（4）汽车电子技术　该专业面向汽车电子企业和新能源汽车企业。培养学生具备电子测量与检测、新能源汽车服务能力，使其能够从事汽车电子企业质量检验、性能鉴定、售后技术支持，新能源汽车的生产、保养、故障诊断等技术工作，成为具有良好职业道德意识、精湛的专业技能和可持续发展能力的高素质技能型专门人才。

（5）汽车技术服务与营销　该专业主要面向汽车销售服务企业。培养学生具备汽车销售、营销策划与管理方面的相关技能，使其能够从事汽车销售顾问、汽车服务管理和配件营销等工作，成为具有良好职业道德、事业心和责任感以及精湛的专业技能和可持续发展能力的高素质技能型专门人才。

（6）汽车整形技术　该专业主要面向汽车售后服务和管理企业。培养学生具有较高的车身精细测量、钣金快速修复、艺术涂装与规划、个性改装与设计、工艺流程优化管理及汽车定损与评估能力，使其能够从事汽车车身检测及修复、汽车喷漆、汽车美容、汽车保险与理赔、汽车维修企业管理等工作，成为具有良好职业道德和可持续发展能力的高素质技能型专门人才。

（7）新能源汽车　该专业主要面向新能源汽车制造以及售后服务等企业。培养学生具有新能源汽车安全操作意识和触电急救、新车保养和基础维护、整车和关键部件维护、整车控制系统检测与维修等能力，使其能够从事新能源汽车的装配、调整、检测、维修、管理等工作，成为具有良好职业道德和可持续发展能力的高素质技能型专门人才。

一般的高职院校都开设这些专业。汽车专业的课程，除了思想道德修养与法律基础、英语、数学等公共文化课外，还有汽车职业形象训练、汽车文化、汽车发动机检修、汽车传动系统检修、汽车电气系统检修、汽车舒适与安全系统检修、汽车维修企业管理、汽车维修质量检验、汽车故障诊断、汽车销售实务、汽车保险与理赔、汽车配件经营与管理、事故车查勘与定损、二手车鉴定与评估和实训等课程。最后阶段还要到汽车制造厂和品牌4S店实习。

2. 培养目标

面向汽车运输企业、汽车维修企业、汽车检测机构、新能源汽车维修等单位，培养德、智、体、美全面发展，具有良好职业道德和人文修养，掌握汽车运用与维修的基本知识，具备汽车运用与维修能力，从事汽车检验、检测及故障诊断，汽车总成及零部件维修和技术管理等工作的高素质技能型人才。

（1）素质要求　热爱祖国，拥护中国共产党的领导，有法制观念；掌握马列主义基本原理、毛泽东思想和邓小平理论；具有较强的事业心和责任感，具有勤奋好学、爱岗敬业的道德品质及吃苦耐劳、实干创新、团队合作的精神；具有一定的文化素养和良好的身体与心理素质。

（2）知识要求　掌握企业工作流程和安全、环保等相关知识；掌握机械原理和机械制图等基础知识；掌握汽车发动机系统的组成、结构和工作原理；掌握汽车底盘各总成的组成、结构和工作原理；掌握汽车电气系统的组成、结构和工作原理；掌握汽车液压与气压系统的工作原理；掌握车辆性能标准及排放标准；掌握汽车各系统之间的相互关系；掌握汽车运输管理的基本流程。

（3）能力要求　能够与顾客进行交流并获取有效信息；能够填写企业的各种工单；能

够完成车辆的常规保养；能够使用各种专用工具和诊断仪器；能够查找并使用电路图和维修手册；能够制订维修方案；能够拆装维修汽车各系统、总成；能够对汽车典型故障进行诊断、排除；能够使用检测设备对车辆进行性能及排放检测；能够对大型检测设备进行调试和校对；能够撰写车辆的性能报告。

汽车技术服务与营销专业的学生，要具备与客户、同事以及其他部门在工作上进行高效率沟通的能力；能在销售过程中准确、专业地运用销售术语进行新车卖点介绍和客户疑问处理；能够熟练使用 Word、Excel、PowerPoint 等计算机办公软件，进行文字处理、编辑排版和数据处理，并熟练掌握企业管理软件（ERP 和 CRM）的使用；达到汽车维修工中级或高级、汽车服务顾问和汽车销售顾问职业技能标准。

与客户交流

企业对职业院校的汽车专业学生在职业道德方面的要求很高，主要包括工作态度、安全意识、责任心和法制观念、解决问题、独立性、合作等。

调查显示，企业最看重的是员工的职业道德，其次是专业技术。80%的企业因为职业院校培养的毕业生有职业技能，到企业后培养费用低，能满足企业的需求，表示愿意聘用职业院校的学生。

3. 教学模式

坚持“以学生发展为本”的教学理念，突出能力本位教学，以实践教学为主导，强调实践检验理论、理论指导实践，重视基本技能的经常性训练。

在实际教学中，把“以注重传授知识为主”的教学模式转变为“以培养学生职业行为能力、心理承受能力、生存发展创新能力、与他人合作能力为主”的教学模式。

针对教学特点，整合专业核心课的教学内容，采用项目教学、模拟教学、实例教学、模拟仿真等教学模式，进行综合性教学，通过任务引领，使学生掌握“收集信息—制订计划—组织实施—检查评估—成果反馈—纠正总结”的工作全过程。

同时，创建“班级企业化管理”模式，以班主任为经理，班级干部为部门主管，普通学生为员工，使学生体验企业管理和运行模式，培养学生适应社会的能力。

采用“2+1”模式，“2”表示在校学习，两年内完成文化基础课程、专业基础课程、专业课程、岗位技能实训和顶岗前的素质培训，“1”表示学生在最后一年的顶岗实习。在第一年就开设汽车专业入门课程让学生了解自己的职业和发展前景，激发学生对所学汽车专业的热情。随后是专业基础综合课程和跨岗位的公共专业课程。第二年进行岗位划分，针对不同的具体岗位，所学的课程和实用的技能也不同。第三年到汽车生产厂和汽车企业进行生产实习，在这期间获得相应的资格证书。

4. 就业领域

（1）汽车制造与装配技术（表2-9）

表 2-9　汽车制造与装配技术专业就业领域

序号	职业领域	就业岗位	职业资格证书	其他相关职业资格证书
1	汽车维修服务	汽车维修技工	汽车维修中、高级工	机动车驾驶证、助理营销师、二手车评估师
2		服务顾问	汽车维修高级工	
3		索赔员		
4		车辆质检员	汽车维修技师	
5		技术总监	汽车维修高级技师	
6	汽车制造企业	生产线工人	汽车维修中、高级工	

（2）汽车检测与维修技术（表 2-10）

表 2-10　汽车检测与维修技术专业就业领域

序号	职业领域	就业岗位	职业资格证书	其他相关职业资格证书
1	汽车维修服务	维修技工	汽车维修中级工	二手车评估师
2		服务顾问	汽车维修高级工	
3		维修质检员		
4		索赔员		
5		技术总监	汽车维修技师	
6		服务经理		
7	工程机械维修服务	维修技工	汽车维修中级工	

（3）汽车电子技术应用（表 2-11）

表 2-11　汽车电子技术应用专业就业领域

序号	职业领域	就业岗位	职业资格证书	其他相关职业资格证书
1	汽车电子产品生产与服务	质检、性能鉴定	电子产品装配工程师	电工证、助理营销师、二手车评估师
2		售后技术支持	电气智能技术助理工程师	
3		组织生产，设备维护		
4		辅助设计	电子设计自动化工程师	
5	新能源汽车服务	生产企业	汽车维修电工中（高）级	
6		售后服务及零配件		
7	汽车服务企业	电器专修		
8		加（改）装		
9		音响、计算机维修		

（4）汽车整车与配件营销（表 2-12）

表 2-12 汽车整车与配件营销专业就业领域

序号	职业领域	就业岗位	职业资格证书	其他相关职业资格证书
1	汽车技术服务	服务顾问	汽车维修中、高级工	汽车估损师、二手车评估师
		索赔员		
2	汽车销售	销售顾问	汽车销售顾问、助理营销师	
		大客户经理		
		企划专员、销售经理		

（5）汽车车身修复和汽车美容与装饰（表 2-13）

表 2-13 汽车车身修复和汽车美容与装饰专业就业领域

序号	职业领域	就业岗位	职业资格证书	其他相关职业资格证书
1	汽车维修服务	汽车钣金	汽车钣金工	汽车助理营销师、二手车评估师
2		服务顾问		
3		汽车涂装	汽车喷漆工	
4		索赔员	汽车维修高级工	
5		汽车改装美容	汽车美容师	
6		服务经理	汽车维修技师	
7	汽车保险	查勘定损员	汽车估损师	

随着汽车行业的迅速发展，市场对汽车技术人才的需求量越来越大，中职学校的毕业生就业率高达 90%~95%，高职学校的毕业生就业率甚至达到 95%~98%。

5. 课程设置（表 2-14）

表 2-14 课程设置

课程类别	课程设置	建议学分	建议学时	开设课程	开设学期
公共基础课程	公共基础课程	3	72	军事训练	1
		7	112	大学英语	1~2
		7	116	体育与健康	1~2
		3	48	思想道德修养与法律基础	1
		4	64	毛泽东思想和中国特色社会主义理论体系概论	2
		4	64	计算机文化基础	1
		3	48	职业指导与创业教育	1~5
专业课	专业基础课程	2.5	40	汽车文化	1
		3.5	56	机械制图与 CAD	1
		3.5	56	电工电子技术	1
		4	64	机械基础	2
		4	64	电工电子技术	2
		3	48	汽车材料	2

（续）

课程类别	课程设置	建议学分	建议学时	开设课程	开设学期
专业课	专业核心课程	3	48	汽车底盘构造与维修	3
		3.5	56	汽车底盘电控技术	4
		3	48	汽车发动机机械检修	3
		3.5	56	汽车电气系统检修	3
		3.5	56	汽车发动机电控系统检修	4
		3	48	汽车电气系统检修	4
		3.5	56	液压与气压传动技术	3
	单项技能训练课程	1	24	钳工实训	2
		1	24	汽车认识实训	2
		1	24	汽车底盘机械检修综合实训	3
		1	24	汽车发动机机械检修综合实训	3
		1	24	汽车基础电气检修综合实训	3
		1	24	汽车底盘电控系统检修综合实训	4
		1	24	汽车发动机电控系统检修综合实训	4
		1	24	汽车舒适与空调系统检修综合实训	4
	综合实践项目课程	1	24	汽车故障诊断综合实训	5
		1	24	汽车维修工认证综合实训	5
	其他课程	2	32	汽车职业形象训练	2
		4	64	汽车专业英语	3
		3.5	56	汽车服务企业管理	3
		3.5	56	运输商务管理	4
		3.5	56	汽车保险与理赔	4
		2.5	40	汽车性能检测与评价	4
		1	24	专业教育	1～5
		2	48	毕业设计（论文）	5
		4.5	112	顶岗实习Ⅰ	5
		13.5	320	顶岗实习Ⅱ	6
拓展课程	专业选修课程	2	32	事故车查勘与定损	5（6选3）
		2	32	二手车鉴定与评估	
		2	32	汽车销售实务	
		2	32	汽车配件经营与管理	
		2	32	汽车装饰与美容	
		2	32	汽车车身修复技术	
	通识教育选修课程	6	96	学生自行选课	1～5
	自主学习课程	8	包括专业竞赛、研究项目、社会实践和资格认证等，由学校统一安排		1～5

6. 教学方法

应科学、合理地选择和有效地运用教学方法。教师能够在现代教学理论的指导下，熟练地把握各类教学方法的特征，综合地考虑各种教学方法的各种要素，合理地选择适宜的教学方法并能进行优化组合。

学生上实习课

在完成汽车专业基础课程教学时可以采用主题教学法，以培养综合能力为目的，以研究汽车构造和实际故障问题为课程方式，着重培养学生对汽车构造和故障诊断的掌握。通过教授汽车工作原理和构造及排除故障的方法，引导学生根据自己的需求，自主建立适合自身特点的知识框架，设计全新的探索过程，以获得自由且具有完整思考过程的自我体验。

在实训教学中采用项目教学法，通过实施一个完整的汽车故障诊断和维修项目进行教学活动，目的是在课堂教学中把理论与实践教学有机地结合起来，充分发掘学生的创造潜能，提高学生解决实际问题的综合能力。

在教学活动中，教师把需要解决的问题或需要完成的任务以项目的形式交给学生。在教师的指导下，以小组的工作方式，由学生自己按照实际学习任务的工作程序，共同制订计划，协作完成整个项目。

（1）获取信息　通常由教师提出一个或几个汽车故障诊断和维修项目任务设想，然后同学生一起讨论，最终确定项目的目标和任务。

1）教师给出工作任务和目标。

2）各小组学生查找车辆的维修手册，获取信息。

3）各小组学生检查车辆。

4）用卡片或文档进行记录。

（2）制订计划　由学生制订汽车故障检测和故障诊断的工作计划，确定工作步骤和程序，并最终得到教师的认可。

1）各小组学生一起商讨工作计划。

2）制订维修方案。

3）确定工作步骤和程序。

4）由各小组学生制订项目工作计划，并最终得到教师的认可。

5）采用卡片法、脑图法并使用幻灯片向大家展示结果。

（3）做出决定　师生一起根据制订的计划进行分析，找出不足进行修改，并做出实施计划的决定。

1）师生一起根据制订的计划进行分析。

2）准备汽车维修故障诊断专家系统。

3）准备检测设备和检测工具。

4）准备汽车电路图和维修手册。

5）了解客户的信息。

6）讲解专用知识。

7）做出实施计划的决定。

（4）实施计划　学生确定各自在小组中的分工以及小组成员的合作形式，然后按照已确立的工作步骤和程序工作。

1）学生要知道自己在小组中的分工。

2）严格执行制订的工作计划。

3）按照已确立的工作步骤和程序进行工作。

4）使用检测设备对车辆进行诊断。

5）排除故障。

6）将故障排除过程记录下来。

（5）检查控制　先由学生对自己的工作结果进行自我评估，再由教师进行检查评分。师生共同讨论、评判项目工作中出现的问题，学生解决问题的方法以及学习行动的特征。通过对比师生评价结果，找出造成结果差异的原因。

1）学生自己以小组的形式做汽车故障检测和故障诊断过程的讲解。

2）陈述理由说明完成工作任务时采用的工作方法，语言要准确，沟通顺畅。

3）学生对自己的工作结果进行自我评估。

4）教师和学生一起进行检查评分。

5）师生共同讨论、评判项目工作中出现的问题，使学生知道解决故障的方法。

6）通过对比师生评价结果，找出造成结果差异的原因。

7）将自己小组的不足和优秀小组的结果记录下来。

（6）评定结果　项目工作结果应该归档或应用到企业、学校的生产教学实践中，如作为项目的维修工作应记入维修保养记录。

1）项目工作结果应该建立档案，将维修过程中使用的文档归档存入计算机中。

2）将企业的工作过程应用在学校的教学实践中。

3）作为项目的维修工作应记入维修保养记录。

4）评定出结果。

项目教学法是基于建构主义理论的，在学习过程中可以先做后懂，引导学生在实际问题中建构知识结构，同时也提高学生动手和解决问题的能力，乃至合作、交流的能力。项目教学法特别适合于汽车专业学生学习复杂、周期性较长的内容，也适合故障排除的学习。通过完整的项目，能够了解汽车维修项目的一个甚至多个阶段，对于汽车维修的完整过程有更好的掌握。

汽车专业项目教学的关键是项目的设计。项目设计一定要按照汽车维修企业真实的工作过程设计若干教学情境，每个教学情境又要对学生的知识、能力提出总的要求，每位授课教师根据教学情境准备教学内容。

案例：部分教学情境设计。

课程内容：发动机拆装。

教学情境1：配气机构拆装。

教学要求：了解拆装配气机构的目的，熟悉配气机构专业工具的使用方法。

教学情境2：配气机构的测量。

教学要求：在测量配气机构时，能熟练使用测量工具和测量方法；能够在计算机上填写并输出该情境的资料，并能进行分类归档。

7. 考核方式

对于汽车专业来说，考核包括以下几个部分。

（1）笔试　所设置的各类课程，每学期期末必须进行笔试，此部分占总成绩的40%。

（2）技能考核　每学期期末对每一个学生要进行汽车维修中级工、汽车维修高级工、汽车维修技师、汽车助理营销师、汽车销售顾问、二手车评估师岗位技能考核。考核范围为该学期教学涉及的岗位内容。考核合格者颁发阶段性合格证书。

（3）专家会谈　从汽车生产企业和汽车销售维修企业聘请部分专家组成考核组，考核学生的学习效果，每位学生会谈时间为20min，专业会谈成绩占总成绩的60%。

（4）实习资格要求　学生必须通过所有阶段的考试，取得各阶段岗位资格证书和专业会谈证书后，才能到企业进行顶岗实习。

8. 毕业标准

有良好的思想道德和身体素质，符合学校规定的德育和体育标准，同时必须通过规定的全部教学环节，总学分达144.5学分。其中专业课程93.5学分（公共基础课程19.5学分、专业核心课程23学分、单项技能训练课程6学分、综合实践项目课程2学分，其他课程43学分），拓展课程20学分（专业选修课程6学分、通识教育选修课程6学分、自主学习课程8学分）。而且在校期间必须取得汽车机械维修工、汽车电器维修工、二手车鉴定评估师证书之一，方可毕业。

三、了解应用型本科院校的汽车类专业和培养目标

应用型本科有汽车检测与维修技术、汽车运用技术等汽车专业。

1. 专业设置

（1）汽车检测与维修技术　该专业面向汽车制造企业、汽车维修企业和品牌4S店。培养学生具有汽车专业知识及维修技能，熟练使用诊断仪器、设备对汽车进行保养作业、拆装维修、故障诊断及排除的能力，使其能够从事汽车机电维修、企业管理、服务管理等岗位工作，成为具有良好职业道德和可持续发展能力的高素质技能型专门人才。

（2）汽车运用技术　该专业主要面向商用车及工程机械销售维修服务企业。培养学生具备商用车及典型工程机械检测维修、服务管理及整车与配件营销能力，掌握商用车和典型工程机械结构原理、企业管理及营销等知识，使其能够从事汽车制造、汽车维修、维修企业管理、商用车及典型工程机械保养维修、质量检验、索赔管理、整车与配件营销和服务管理等岗位工作，成为具有良好职业道德和可持续发展能力的高素质技能型专门人才。

2. 培养目标

培养德智体全面发展、适应现代汽车产业体系建设需要，掌握汽车结构和性能、汽车零部件制图、机械原理与设计、汽车制造工艺、测试技术、质量控制等基本理论和知识，具备整车产品技术支持、汽车零部件技术改进、质量监控、汽车试验测试、汽车市场技术问题处理等能力，从事汽车及相关领域生产制造、品质检验、试验测试、汽车市场技术支持等工作的高级技术人才。

1）具有坚定正确的政治方向和为人民服务的思想，树立正确的世界观、人生观和价值观，热爱祖国，具有社会责任感和献身精神。

2）具有敬业爱岗、团结合作的品质，良好的职业道德素养，健康的身心素质。

3）有一定的计算机应用能力和信息收集与处理能力，有较高的外语综合应用能力，有较强的沟通表达能力。

4）具有扎实的自然科学基础和良好的人文社会科学基础。

5）具有本专业必需的机械设计与制造、电工与电子技术、计算机应用技术等基本知识和技能。

6）具有较强的汽车零部件识图、制图能力。

7）掌握汽车结构的基本知识及熟练的汽车零部件及总成的拆装技能。

8）掌握发动机和汽车性能的基本理论和汽车性能测试的基本技能。

9）具有汽车制造工艺和汽车设计的基础知识，以及初步分析汽车零部件加工过程中的工艺和设计问题的能力。

10）掌握汽车试验测试技术的基础理论和基本的试验测试方法和技能。

11）掌握质量控制的基础知识和技能。

12）具有初步解决一线生产、实践中出现的技术问题的能力。

13）能够取得本专业相关的从业资格证书。

14）能够了解本专业学科前沿和发展趋势及相关专业领域的基本知识。

15）能够了解本专业领域技术标准及相关行业的政策、法律、法规。

16）具有较强的自学能力、汽车技术应用能力和创新意识。

17）具有初步的科学研究、科技开发及组织管理能力。

3. 就业领域

主要面向汽车制造企业设计研发、产品技术、市场营销等部门，从事汽车制造、试验测试、品质监控、汽车市场技术支持等工作。

主要就业岗位：试验测试、整车装配线技术支持、汽车零部件技术改进、品质检验、汽车市场技术服务。

次要就业岗位：汽车零部件设计研发、生产管理、汽车服务贸易企业技术支持。

相关就业岗位：汽车营销、汽车保险、车辆评估与鉴定、交通运输。

4. 课程设置（表 2-15 ~ 表 2-17）

表 2-15 课程设置与教学进程表

课程类别	序号	课程名称	课程性质	学分	总学时	课内教学		授课方式	考核方式	各学期周学时分配							
						理论学时	实验学时			第一学年		第二学年		第三学年		第四学年	
										一	二	三	四	五	六	七	八
										17 周	15 周	19 周	14 周	18 周	15 周	18 周	周
公共基础课	1	马克思主义基本原理	学位	2	32	32		讲授	Ⅲ	2							
	2	思想道德修养与法律基础	必修	2	32	32		讲授	Ⅰ			2					
	3	毛泽东思想和中国特色社会主义理论体系概论	必修	2	32	32		讲授	Ⅰ					2			
	4	中国近现代史纲要	必修	2	32	32		讲授	Ⅰ							2	
	5	形势与政策	必修	0.5	8	8		专题讲座	Ⅰ		2						
	6	大学英语（一）	学位	4	64	64		讲授	Ⅲ	4							
	7	大学英语（二）	学位	4	64	64		讲授	Ⅲ		4						
	8	大学英语（三）	学位	4	64	64		讲授	Ⅲ			4					
	9	大学英语（四）	学位	4	64	64		讲授	Ⅲ				4				
	10	信息技术基础	必修	4	64	32	32	讲授实践	Ⅰ	4							
	11	高等数学（一）	学位	4	64	64		讲授	Ⅲ	4							
	12	高等数学（二）	学位	4	64	64		讲授	Ⅲ		4						
	13	沟通与交流	必修	4	64	64		讲授	Ⅰ		4						
	14	线性代数	必修	2	32	32		讲授	Ⅲ			2					
	15	概率论与数理统计	必修	2	32	32		讲授	Ⅲ			2					
	16	普通物理（一）	必修	4	64	64		讲授	Ⅲ		4						
	17	普通物理（二）	必修	3	48	48		讲授	Ⅲ			3					
	18	普通物理实验	必修	2	32		32	实践	Ⅰ			2					
	合计			53.5	856	792	64										

（续）

课程类别	序号	课程名称	课程性质	学分	总学时	课内教学		授课方式	考核方式	各学期周学时分配							
										第一学年		第二学年		第三学年		第四学年	
						理论学时	实验学时			一	二	三	四	五	六	七	八
										17周	15周	19周	14周	18周	15周	18周	周
专业基础课	19	车辆工程专业导论	必修	1	16	16		专题讲座	Ⅰ	2							
	20	画法几何	学位	3	48	40	8	讲授实践	Ⅲ	3							
	21	机械制图	学位	4	64	48	16	讲授实践	Ⅲ		4						
	22	理论力学	学位	4	64	64		讲授	Ⅲ			4					
	23	机械原理	学位	4	64	56	8	讲授实践	Ⅲ				4				
	24	材料力学	学位	4	64	64		讲授	Ⅲ				4				
	25	金属材料及工艺	必修	3	48	48		讲授	Ⅰ				3				
	26	电工电子学	学位	5	80	64	16	讲授实践	Ⅲ				5				
	27	公差配合与技术测量	必修	3	48	40	8	讲授实践	Ⅲ					3			
	28	机械设计	学位	4	64	56	8	讲授实践	Ⅱ					4			
	29	单片机原理及应用	必修	3	48	36	12	讲授实践	Ⅱ					3			
	30	现代传感器及检测技术	必修	2	32	24	8	讲授实践	Ⅱ					2			
	31	液压与气压传动	必修	2	32	24	8	讲授实践	Ⅲ						2		
	合计			42	672	580	92										
专业课	32	汽车构造与拆装	学位	5	80	56	24	讲授实践	Ⅲ					5			
	33	汽车电气设备	学位	4	64	48	16	讲授实践	Ⅲ					4			

（续）

课程类别	序号	课程名称	课程性质	学分	总学时	课内教学		授课方式	考核方式	各学期周学时分配							
						理论学时	实验学时			第一学年		第二学年		第三学年		第四学年	
										一 17周	二 15周	三 19周	四 14周	五 18周	六 15周	七 18周	八 周
专业课	34	发动机原理与汽车理论	学位	4	64	56	8	讲授实践	Ⅲ						4		
	35	发动机电控技术	学位	3	48	32	16	讲授实践	Ⅱ						3		
	36	汽车底盘电控技术	必修	2	32	24	8	讲授实践	Ⅱ						2		
	37	汽车车身电控技术	必修	3	48	32	16	讲授实践	Ⅱ						3		
	38	汽车制造工艺学	学位	3	48	32	16	讲授实践	Ⅱ						3		
	39	汽车试验学	学位	3	48	40	8	讲授实践	Ⅱ							3	
	40	汽车质检与性能试验	必修	2.5	40	40		讲授	Ⅱ							2	
	41	汽车设计	必修	3	48	32	16	讲授实践	Ⅱ							3	
	42	UG 三维设计	必修	2	32		32	实践	Ⅰ							2	
	43	汽车实用英语	任选课	2	32	32		讲授	Ⅰ						2		
	44	汽车企业管理		3	48	48		讲授	Ⅰ						3		
	45	汽车排放与污染控制		2	32	32		讲授	Ⅰ							2	
	46	汽车故障诊断		2	32	32		讲授	Ⅰ							2	
	47	新能源汽车技术		2	32	32		讲授	Ⅰ							2	
	48	汽车营销与策划		2	32	32		讲授	Ⅰ							2	
	49	汽车保险与理赔		2	32	32		讲授	Ⅰ							2	
	合计			49.5	792	632	160										
总计（公共基础课＋专业基础课＋专业课）				145	2320	2004	316			19	22	19	20	23	22	22	

注：1. 授课方式：分为讲授、讲授实践、专题讲座、实践、理实一体、实训、实习等。

2. 考核方式：“Ⅰ”表示完全过程考核；“Ⅱ”表示过程考核＋期末考核；“Ⅲ”表示平时考核＋期末考核。

3. 不同专业方向开设限选课程总学分须一致。

4. 开设专业方向任选课不少于6门，学生任选3门（学分≥6学分），计6学分。

表 2-16　素质拓展环节教学安排

序号	课程名称	课程性质	学分	总学时	各学期周学时分配							
					第一学年		第二学年		第三学年		第四学年	
					一	二	三	四	五	六	七	八
					17 周	15 周	19 周	14 周	18 周	15 周	18 周	周
1	创新能力与普通话	公共选修课	2	32								
2	国际政治		2	32								
3	环境与人类		2	32								
4	市场营销		2	32								
5	书法艺术		2	32								
6	文学欣赏		2	32								
7	商务英语		2	32								
8	摄影艺术		2	32								
9	心理学		2	32								
10	中国传统文化		2	32								
11	科技实用文写作概论		2	32								
12	科技文献检索		2	32								
13	英文电影赏析		2	32								
14	物理与现代生活		2	32								
15	影视欣赏与剧本创作		2	32								
16	动漫艺术赏析		2	32								
17	美术欣赏		2	32								
18	投资与理财		2	32								
	小计		36	576								
19	入学教育、军事训练	必修	2		2 周							
20	军事理论	必修	1		1							
21	职业生涯规划	必修	1.5			2						
22	公益劳动	必修	1				1 周					
23	社会实践	必修	4		4 周							
24	第二课堂活动	必修	6		汽车技术创新项目开发、制图比赛、兴趣小组、汽车知识竞赛、技能大赛等							
25	大学生就业指导	必修	1.5								2	
26	毕业教育	必修	1									1 周
	小计		18									
27	体育选修课		8	128	学生根据个人兴趣爱好及体育特长，在第 1 ~ 7 学期内，任意四个学期选修 4 个体育项目，每个项目计 32 学时、2 学分							
合计		总修学分应≥34 学分										

注：公共选修课最低要求 8 学分，理工类专业学生须选修人文、管理、艺术类课程不少于 6 学分，非理工类学生须选修理工、科技、艺术类课程不少于 6 学分。

表 2-17 综合实践项目及工作学期教学安排

序号	名　称	考核方式	学分	学期安排	内　　容	成果形式	场所
1	职场体验实训	过程考核	1	2	通过岗位实践，了解各岗位的工作特点，提高学专业、爱专业的积极性和主动性	实训报告	校外
2	汽车零件测绘	过程考核	2	2	通过汽车零件图的绘制，掌握机械制图的基础技能和方法	零件图	校内
3	汽车驾驶实训	过程考核	1	3	熟悉汽车行驶性能，熟悉汽车驾驶操作方法	实训报告	校外
4	金属加工实训	过程考核	1	4	熟悉金属加工的基本工艺、方法及设备	真实产品	校内
5	机械设计项目实训	过程考核	2	5	熟悉汽车某一总成及其零部件的设计方法，利用 AutoCAD 绘制零件图与装配图，巩固与加强机械制图的技能与方法	设计说明书	校内
6	汽车拆装实训	过程考核	1	5	熟悉汽车主要总成及零部件的结构特点，初步掌握汽车总成的拆装程序和基础技能	实训报告	校内
7	汽车性能试验实训	过程考核	1	6	熟悉汽车主要性能试验的基本内容和要求，初步掌握试验测试的基本技能和方法	实验报告	校内外
8	汽车制造工艺实训	过程考核	1	6	了解汽车企业的生产工艺流程、生产布局、生产水平，熟悉各主要生产环节的工艺要求和方法、设备的类型和原理，收集在线生产产品的技术数据	实训报告	校外
9	汽车市场调研实训	过程考核	1	7	收集与汽车市场技术服务相关的信息并做出评价，培养学生综合分析问题、解决问题的能力	调研报告	校外
10	★汽车创新项目实训	过程考核	1	7	在老师指导下参加在研的国家、省、市或院级实际科研课题，独立承担部分工作，提交相关报告或论文，并参加答辩	科研报告（论文）	校内外
11	科研	过程考核	1	7	在老师的指导下，参加在研的国家，省、市或院级科研课题，并独立承担部分工作，提交相关报告或论文，进行答辩	真实产品、论文、设计说明书	校内外
12	毕业生产实习	过程考核	4	8	熟悉汽车制造工艺、操作方法、工具及设备的使用等，在生产一线进行综合性实习	实习报告	校外
13	毕业设计（论文）	过程考核	11	8	根据所学专业知识，结合实习岗位，按照毕业设计（论文）任务书的要求完成毕业设计（论文）	毕业设计（论文）	校内外
合计			28				
工作学期			8	实践小学期			
总计			36				

注：1. 其中标注“★”的环节为创新性综合实践项目。

2. 成果形式：根据项目性质可以体现为真实产品、论文、设计说明书等。

3. 第 4 学期后 2 周 + 暑期 6 周作为工作学期，共 8 周，计 8 学分。

四、如何申请并进行专业升学

要了解自己所学的专业在毕业后能选择哪些学院的专业继续深造，以及升入这些学院所需的条件。首先要了解专业升学的概念、报名条件、报名时间、考试内容、考试形式、考试时间、报考专业。

1. 高职单独招生统一考试

高职单独招生统一考试是各省市（自治区）教育委员会、教育考试院组织的，合格的中等职业学校（含普通中专、成人中专、职业高中、技工学校）毕业生和具有同等学历的考生参加的升学考试。高职院校根据考生的成绩，按照确定的招生计划，德、智、体全面衡量，择优录取。

（1）报名条件与办法　各省市（自治区）教育考试院每年都出台《高等职业学院招生实施办法》，明确高职单独招生统一考试的报名条件，包括政治、学历、健康状况等方面的条件，部分省市（自治区）会设置户籍方面的报名条件。

实例：报名通知

凡已参加20××年普通高考报名，且符合有关院校高职单招报名条件的考生均可报考。

凡报考使用语文、数学、外语科目联合测试成绩作为录取依据的院校的考生，报名时间为20××年×月××日～××日。考生选择一所院校，登录拟报考院校网站，进行网上报名，在网上报名的同时，须网上支付考试费用；凡报考自行组织文化测试的院校的考生，须按照有关院校规定的时间报名并缴纳费用。

凡未参加普通高考报名或学业水平必修科目测试不符合拟报考院校要求的考生，须于高职单招报名工作开始前，到户籍所在地县（市、区）招办，办理高考补报名或相关必修科目测试补报名手续。

试点院校于20××年×月××日前完成对报考本校考生的资格审核。

按照各省市（自治区）教育考试院的要求，考生在教育考试院设置的报名点或网上，在规定的时间内报名。报名时必须交验符合报考条件的相关材料，填写高等职业教育招生报名考生报名信息卡和高考学生综合信息表，参加电子摄像，签署考生诚信承诺书并按规定缴纳报名考试费及进行体检。

（2）考试内容　省教育考试院将继续接受试点院校委托，组织语文、数学、外语三门科目的联合测试，负责命题、考试组织和阅卷等工作，测试成绩提供给相关院校使用。测试依据高中课程标准进行，各科成绩参照学业水平必修科目测试，以A、B、C、D四个等级呈现。

考试完成以后院校发布文化测试成绩。达到报考院校规定的文化测试成绩要求的考生，由院校结合自身教学要求和办学特色，根据事先设计好的方案，对考生进行技能考核或面试。技能考核或面试时间，各校可根据本校实际合理安排。

技能考核或面试方案由招生院校单独提出或多所院校联合提出，可由各院校单独进行，也可由多所院校联合进行。

考试前一定要按照有关课程的考试大纲进行复习。

中等职业学校部分优秀应届毕业生有机会优先推荐到高职学院进行学习。

(3) 考试形式　高职单独招生统一考试的形式分以下三种:

1) 语文、数学、外语三门科目的联合测试采用闭卷,笔试。

2) 技能考核采用动手能力考核。

3) 面试。

(4) 考试时间　职业学校的考生,语文、数学、外语三门科目的测试安排在20××年3月19日进行,考生集中在所属省辖市参加测试,具体工作由各市招办组织实施。

普通高中学业水平必修科目测试安排在20××年3月17日、18日进行。

20××年4月10日前,院校发布文化测试成绩。达到报考院校规定的文化测试成绩要求的考生,其技能考核或面试时间,由各校根据实际合理安排。

考试大纲

(5) 计分办法　语文、数学、外语各150分,技能考核和面试共300分。

2. 中等职业学校对口升学

随着国家经济政策的调整,为了适应社会对人才的需求,同时也为扶持中等职业学校的发展,满足职专学生升学深造的愿望,国家教育部出台了"对口升学"政策。对口升学是国家从高校招生计划中选择部分专业,拿出专门指标,对希望继续深造的职校生进行对口专业的高考。对口升学计划属于当年高招计划的一部分,对口升学的学生大学毕业后和同年通过普通高考进入大学深造的学生享受同等待遇。

对口升学为优秀的中等职业类学生提供了上大学深造的机会。对口高考科目一般为文化基础课程与对应的专业课程,各省情况不一,而且有的省每年情况也不一样。

(1) 考试形式　学生在职校学什么专业,就参加该专业或相关专业的对口升学考试,被高校录取后,继续在这个专业学习、深造。对口升大学与普高升大学有"三个相同,四个不同"。

三个相同:

一是考试的形式相同,都是采用"4+X"(即四门文化课+专业课)的形式(四门文化课为语文、数学、英语和德育;专业综合以外,有的专业需要测试物理或者化学)。

二是高校新生录取的渠道和方式相同,都是由国家教育主管部门按照一定程序统一划线,统一录取。

三是考入高校的对口升学考生的待遇与普高考生相同。各招生高校无论是师资安排、课程设计,还是学生奖学金和毕业文凭以及学位授予、考研等方面,都与普高考生一视同仁。

四个不同:

一是在高中阶段学习的内容不同。对口升学班不采用普高教材,语文、数学、英语三科由各省自行编写教材;各个专业由国家教育主管部门指定与专业相关的统一教材。

对口升学所有开设的课程难度都低于普高,特别是数学和英语。教材的难度比普高教材低了很多,这对职校生来说是非常有利的。

二是高考试卷与普高生不同。对口升学各科高考试卷均由各省市自行单独命题，各专业考生语数外三科试卷相同，各专业综合卷再分专业单独命题。

三是在选学专业的时间上与普高生不同。普高生在参加全国统一高考后，各人根据自己的成绩报考不同的高校，选学不同的专业；对口升学则是在职校学习阶段就要选好自己所学的专业，并报考高校的相关专业，上大学后继续学习这个专业。

四是培养的目标不同。职高对口升学的考生升入大学后，培养的目标基本上是社会上急需的各种高级实用型人才，而不是研究型人才。这些学生毕业后，他们既具备扎实的理论知识，又有一定的实践操作能力，因此就业更容易。

对口升学主要适合的群体有五类：一是中考成绩不理想、分数低于高中录取线的考生；二是中考成绩虽然能升入高中，但高考无望的学生；三是中考成绩还算理想，但不愿继续学习文化课，或严重偏科的学生；四是就业后想考取公务员、事业编制，而当前学历受限的学生；五是毕业后想深造考取研究生学历的学生。

（2）报名条件

1）符合下列条件且户籍在××省公民，均可对口报考高等职业教育专科专业，本科专业只招收中职应届毕业生。

① 遵守中华人民共和国宪法和法律。

② 中等职业学校（职业高中、普通中专、技工学校、成人中专）毕业生。

③ 身体健康。

2）从外省迁入当地的考生在当地参加中职升学报名，在符合报名条件第一条的同时，还须符合以下相应要求：

① 单人户口考生（含和非直系亲属户口在一起的考生）：要求截至报名开始之日在当地的户籍满三年、中职学籍为三年（一年学制的中职生入学前须具有当地高中阶段学校的完整学籍）。

② 全家户口考生（含和父亲或母亲一方户口在一起的考生）：要求户籍迁入时间在当地中职升学报名工作开始前。

3）进城务工人员随迁子女在当地参加中职升学考试报名，在符合报名条件第一条的同时，还须符合以下各条件：

① 在当地中职阶段有三年学籍，并有完整学习经历（须具有当地中职阶段学校初始注册学籍。一年制中职生入学前须具有当地高中阶段学校的完整学籍）。

② 父母在当地具有合法稳定职业和合法稳定住所（含租赁）。

4）现役军人子女以及特殊情况的考生在当地参加中职升学报名（户籍、学籍未达到规定时限要求的），须经市招考办审核，市招考委主要领导审定，报省招考办备案。

5）下列人员不得报名：

① 具有高等学历教育资格的高等学校的在校生。

② 中等职业学校非应届毕业的在校生。

③ 在中等职业教育阶段非应届毕业年份，以弄虚作假手段报名并违规参加上一年度中职升学招生考试的应届毕业生。

④ 因违反国家教育考试规定，被给予暂停参加高校招生考试处理且在停考期内的人员。

⑤ 因触犯刑法已被有关部门采取强制措施或正在服刑者。

（3）报名办法

1）报名时间。报考20××年当地中职升学的考生实行网上报名和填报志愿。网上填报基本信息和志愿的时间为20××年×月7日~9日，现场资格审查和身份验证信息采集、网上缴费的时间为20××年×月10日~12日。各市须于20××年×月13日11：00前完成考生的报名和填报志愿的最终确认工作。

2）报名程序。考生报名基本流程为：考生网上填报基本信息（包括报名信息和志愿信息）→现场资格审查和身份验证信息采集→网上缴费→各地招考办对考生报名进行最终审核确认（编排考生号）。

应届中职毕业生在完成网上填报基本信息后，凭户籍、二代身份证由所在中等职业学校负责组织，经教育行政部门学籍审核确认后，在规定时间到所在市招考办指定报名点进行资格审查和身份验证信息采集；往届中职毕业生凭户籍、二代身份证、毕业证书原件到户籍所在的市、县（市、区）招考办现场进行资格审查和身份验证信息采集；然后进行网上缴费，最后各地招考办对考生报名信息进行最终审核确认，使用网上报名系统管理端下载打印报名登记表交由考生本人核对并签名确认。

考生不按时完成网上填报基本信息、现场资格审查和身份验证信息采集、网上缴费均视为放弃中职升学报名。

3）考生报名须交报名考试费××元。

4）考生报名时须签写考生诚信考试承诺书（各地按需自制），承诺本人符合中职升学报名条件、提供的信息真实准确、报名结束后本人任何信息不再改动、自觉遵守中职升学考试各项规定等。

（4）填报志愿　志愿设置：本科设2个有序志愿和服从志愿（按专业成绩调档）；专科设2个有序志愿、3个参考志愿。考生所填报志愿须经本人签字确认。

考生要本着与所学专业相同或相近的原则填报志愿，考生填报的对口高职专业（包括本科专业）须与中职相关专业的专业综合课及其技能考核要点在同一栏目内，不许跨栏目交叉选择填报。招生专业与考试科目（专业综合课、技能考核）有着严格的对应关系要求，考生填报志愿须严格遵循这种对应关系。未按规定要求填报的志愿为无效志愿。

（5）体检　体检工作由各市招考办组织，体检标准按照教育部、卫生部、中国残疾人联合会印发的《普通高等学校招生体检工作指导意见》执行。体检工作于×月25日前结束，具体时间由各市安排。

（6）考试　文化基础课考试科目：语文、数学、外语、计算机应用基础。其中语文、数学、外语满分均为100分，计算机应用基础满分60分。专业课考试包括专业综合课和技能考核，其中专业综合课满分为300分，技能考核满分为100分。总分满分为760分。

文化基础课和专业综合课由省招考办负责组织命题、制卷、评卷和登分工作。技能考核由省教育厅指定的职业技能考核学校负责组织实施。

报考《指导性专业目录》中代码为××的体育类专业、代码为××的艺术类专业的考生，只参加省统一组织的文化基础课考试。其专业综合课考试、技能考核由招生学校组织实施，在规定时间内，按要求将成绩报省招考办备案。

（7）考试时间　文化基础课、专业综合课考试工作由省招考办统一组织。考生单独编排考场，考点由市招考办安排。

语文、数学、外语、计算机应用基础的评卷工作由省招考办统一组织，实行计算机网上评卷。专业综合课评卷由省招考办统一组织采取人工评卷办法。

（8）技能考核工作

1）技能考核工作由省教育厅指定的职业技能考核学校组织进行。负责技能考核的院校要加强领导，成立技能考核工作领导小组，领导小组组长由校领导担任，领导小组下设纪律监察组和考务办公室等，全面负责该项技能考核工作的领导部署。纪律监察组负责考核命题及考核全过程的监督检查。技能考核院校要加强组织管理，加强工作人员的教育和培训、规范考核程序；严明考核纪律，杜绝泄密事件发生，确保考核安全；严肃考风考纪，营造和谐温馨的考核环境，为考生提供便捷、周到的服务；严禁与办（助）学机构发生任何关联，确保公正、公平。对在技能考核中出现的违规行为，将严格按照《国家教育考试违规处理办法》（教育部令第 33 号）和《普通高等学校招生违规行为处理暂行办法》（教育部令第 36 号）严肃处理，并依法追究当事人及相关人员责任，涉嫌犯罪的依法移送司法机关处理。

2）技能考核事项时间。技能考核时间为××月 10 日～15 日。考生须依据技能考核工作安排参加技能考核。省招考办负责于××月 25 日前将考生技能考核信息发给省教育厅指定的各职业技能考核学校，职业技能考核学校须于××月 17 日将技能考核成绩用光盘密封并由相关人员签字后报省招考办。

录取工作由省招考办统一组织实施。按照招生计划和考试成绩划定本、专科录取文化基础课和专业成绩（专业综合课和技能考核成绩相加）控制分数线，在文化基础课和专业成绩控制分数线以上的考生，按专业成绩，从高分到低分提供档案。

（9）升学对口专业　在《中等职业学校专业目录》中的专业大类都能与高职学院设置的专业对接。高职学院招生专业大类包括农林牧渔类、交通运输大类、生化与药品大类、资源开发与测绘大类、材料与能源大类、土建大类、水利大类、制造大类、电子信息大类、环保/气象与安全大类、轻纺食品大类、财经大类、医药卫生大类、旅游大类、公共事业大类、文化教育大类、艺术设计传媒大类、公安大类、法律大类等。根据高校每年的招生计划，部分专业大类设置了职教师资（本科），其余的为专科。

汽车专业分别在加工制造类、交通运输类中，制造大类汽车专业有：汽车制造与装配技术、汽车检测与维修技术、汽车电子技术、汽车改装技术、汽车技术服务与营销、汽车整形技术。

交通运输类中汽车专业：汽车运用技术。

五、如何学好汽车专业课

汽车维修技术人员狭义上是指修理工，广义上包括工程师、技师、教师、培训师等，工作链很长，一般由汽修学徒工开始。入职汽车维修行业前要慎重考虑，怀有坚定的决心和信心才可进入，然后需要制订发展规划：进步、进步、再进步。

进步：3 年左右成为主修工，然后要向技师水平看齐。

进步：6 年左右成为技师、技术总监、工程师，尽显工匠风采，实现自身价值，为社会做贡献。

再进步：成为高级技师、高级工程师、连锁店总工程师、管理人员，或成为与汽车维修相关的培训师、工程师、教师等。

当前，汽修从业者在技术方面存在的主要问题是知识储备不足，不是学历和技能职称不足，而是掌握的知识少。在学校取得技师证书的学生，走上工作岗位后既不能很快胜任技师工作，也没有完全掌握理论知识，殊不知技师是在实践中培养出来的。社会出现“有用强迫症”，学生以“有用”为标尺，学习变得功利，人心变得浮躁。从技能比赛上看到，选手的基础知识薄弱；在微信群里经常看到，本应掌握的知识汽修从业者们却在群里问来问去。弥补知识不足的措施：学习、学习、再学习。

大国工匠的成长道路证明，扎实的基础知识能带来“洪荒之力”。学习：自学所修车型自学手册，掌握新结构、新技术；阅读维修手册，执行主机厂修理规范。再学习：自学更多的技术和管理知识，学习专业杂志上发表的维修案例，提高表达能力，提高实操能力。最后，想送给学生一句话：有志者事竟成!

随着时间的推移，汽车技术日新月异，车型越来越多，机型越来越复杂，大量的经验已经不适用于现代产品的技术要求。新材料、新工艺、新规范、新理念，都迫使我们不断学习。首先，去学习那些道理、公理、法规、规范，因为没有基础的认识，就不可能有对新技术的理解和应用。其次，面对超量的信息，我们还需要不断地去了解、学习新的技术。

传统修车不用问为什么，凭经验就能修好车，即知其然不知其所以然，亦可使之然；而现在不知其所以然亦难使之然了。

“往者不可谏，来者犹可追”，珍惜现在的每一天吧，珍惜时间就是对事业的尊重，就是对生命的尊重，抓住了今天，你才能赢得明天。

1. 对知识、书籍感兴趣

对知识、书籍的兴趣决定了能否拥有较高的技术水平。汽车维修专业人员不是仅靠对老师言听计从就能成才的，而要有自己的想法和思路，更要有自己的技术资料库。仔细观察身边的每一位同学就会发现：维修专业技术好的学生技术书籍一定很多。

2. 学历和实践相结合

仅凭满腔的热情很难有所作为，还要看基本素质，但对于后备力量切不可以“唯学历论”，因为汽车维修行业是一个动手能力很强的行业，必须要脑力劳动与体力劳动完美结合才有可能完成对一辆车的维修。所以对于学生一定要实事求是，学历和实践相结合。

3. 对汽车的兴趣是成功的基石

对于一个对汽车不感兴趣的人来说，要学好汽车维修是很困难的。对汽车有一定的兴趣，再凭借一定的专业知识和耐性，学好汽车维修就容易多了。

六、如何进行专业实习

采取“校企合作、订单培养”和“校企合作、顶岗实习”相结合的人才培养模式。优先安排“订单培养”，“顶岗实习”予以补充，确保汽车维修专业所有学生全部实现“校企合作、工学结合”的人才培养。

该阶段根据中职学生群体特点，结合汽车维修专业与职业特点以及企业人才需求，打造坚实的专业知识、技能及实际经验基础，培养学生具有“易学”“会学”和“能做”的基本能力，帮助学生由初中义务教育顺利过渡到职业教育，并尽早地适应汽车维修专业工作过程系统化的项目教学模式需求。

1. 课程具体措施

针对中职学生的学习、生活、社会经历及群体特点，根据汽车维修专业和职业特点，通过专业入门阶段的课程体系建设和教学模式、方法、策略改革，打造与项目课程内容结构和工作过程系统化教学相适应的知识、技能、经验与能力结构。采取如下具体措施：

1）构建整车结构与原理知识，培养汽车使用技能，使学生具有使用汽车整车的技能，掌握整车结构与原理知识。

以汽车驾驶和日常维护实践为主要内容，掌握汽车使用、驾驶与日常维护等技能并获取使用、驾驶与日常维护直接经验；围绕汽车的整车结构、基本原理和使用技能为主要内容组织专业教学，以理实一体化的方式，构建完整的汽车整车结构与概括性的基本原理知识基础。

2）强化汽车维修基础技能，拓展其范围，提高“做”的基本能力。以职业岗位工作任务为载体，以汽车维修基础类工具为中介开发专业课程，拓展汽车维修基础技能范围，培养“做”的基本能力，使学生的专业知识、维修基础技能与汽车维修专业工作过程系统化教学需求相一致。

以零件测量工具为中介开设公差配合与技术测量专业课程，学习公差配合知识，训练工具使用与零件测量技能；以钳工维修工具为中介开设钳工实习专业课程，在钳工作业过程中训练工具操作技能；以汽车拆装工具为中介开设发动机曲柄连杆与配气机构结构与拆装和汽车传动系统结构与拆装专业课程，学习结构原理知识、训练工具使用和机械拆装技能。

3）建立职业意识并培养学习与工作习惯。该阶段注重培养良好的职业意识和学习与工作习惯，使学生具有自我判断能力、懂行和负责任的精神，使学生的学习观念、行为意识随着专业教学同步发展进步。

专业入门基础课程设置见表2-18。

表2-18 专业入门基础课程设置

专业入门基础阶段	功能与要求	课 程 设 置
1. 汽车整车知识与技能	训练汽车使用和驾驶操作技能，懂使用、会开车	汽车驾驶与日常维护
	认知汽车，掌握汽车整车结构原理和使用知识；了解维修职业规章与法规	汽车与维修职业认知
2. 基础类维修知识与技能	以汽车拆装、零件测量、钳工维修工具为中介，学生在进行汽车结构拆装、零件测量、钳工作业等工作过程中，学习专业知识、训练工具操作技能、规范职业行为，拓展汽车机械维修基础能力范围	零件配合与技术测量、钳工与焊工技能实训、发动机曲柄连杆与配气机构结构与拆装、汽车传动系统结构与拆装

按照机修和电器维修两个职业方向开设课程，开发构建工作过程导向的项目课程体系。职业岗位基础课程设置见表2-19。

表 2-19　职业岗位基础课程设置

汽车维修职业岗位	岗 位 职 责	课 程 设 置
1. 电器维修岗位	① 执行本岗位相关的法规、规章、标准和规范 ② 从事汽车电气系统的检测诊断和维修作业 ③ 在生产过程中执行安全操作规程，按工艺规范正确完成汽车电气系统的维修作业 ④ 能使用技术资料解决电器维修的技术问题	汽车电工基础与操作技能、汽车电气设备结构与维修、汽车电气维修实习
2. 机修岗位	① 掌握汽车工程材料、机械制图、液压与气压传动知识 ② 执行本岗位相关的法规、规章、标准和规范 ③ 从事发动机、底盘及其控制系统的故障诊断和维修作业 ④ 执行安全操作规程，按工艺规范正确完成发动机、底盘及其控制系统的维修作业 ⑤ 能使用维修检测仪器和设备准确诊断并排除故障 ⑥ 能使用技术资料解决本岗位技术问题	汽车维修实训、发动机冷却与润滑系统维护、电控汽油机结构与维修、电控柴油机结构与维修、汽车转向与行走系统维护、汽车制动系统结构与维修、底盘电控系统检测与维修

2. 在校内模拟的汽车维修企业生产环境中学习、工作与提高阶段

把职业岗位的新手培养成为具有承担载货汽车或轿车机修和电器维修生产岗位工作任务的准员工。

1）在该阶段教学之前，应组织轿车维修或重型货车维修教学分流。

2）该阶段是校企合作订单培养或校企合作顶岗实习的教学分流阶段。应根据订单培养协议和顶岗实习协议，分别组建订单培养班和顶岗实习班并组织专业教学。

3）组建订单培养班。

4）组建顶岗实习班。

5）遵循咨询、决策、计划、实施、检查、评估等完整的工作过程，以教师指导下的小组分工协作的方式，学生独立完成生产任务。

6）知识与技术信息获取方式：主要通过学生查阅维修手册、维修实训指导书或其他技术资料等多种渠道独立获取技术信息资源。

企业生产岗位任务与课程见表 2-20。

表 2-20　企业生产岗位任务与课程

企　业	生 产 岗 位	任　务	课 程 设 置
1. 重型货车维修企业	电器维修岗位	定期维护、小修和故障诊断与排除	重型货车电气维修
	机修岗位	定期维护、总成大修、小修和故障诊断与排除	载货车柴油机维修、重型货车底盘维修
2. 轿车维修企业	电器维修岗位	定期维护、小修和故障诊断与排除	轿车电气维修
	机修岗位	定期维护、总成大修、小修和故障诊断与排除	轿车发动机维修、轿车底盘维修

（续）

企　业	生产岗位	任　务	课程设置
3. 专项维修企业	专项维修岗位	完成汽车性能检测任务；完成自动变速器与汽车空调的定期维护、小修和故障诊断与排除任务	汽车空调维修、汽车性能检测、自动变速器维修

7）教师针对维护车型结构技术，确定讲授内容的范围和深度，原则是教师的“教与指导”要尽量减少，主要依靠学生的学习与创造力完成生产任务。

8）完成任务的组织实施方式。学生以小组为单位，组内设兼职岗位，并实行轮岗制（组长一职可按实际情况设置），每一名学生至少有一次独立承担某一兼职岗位任务的机会，并通过完成效果来考查学生独立履行职责的能力及品行。兼职岗位如下：组长、质量检验与信息员、工作任务实施计划员、安全环保检查督导员各一人。

教学与实训主要在校内汽车维修工学实训车间（或称工学教室）和对应的理实一体化实训室内进行，以维修车间为主，以理实一体化实训室为辅。

3. 企业顶岗实习阶段

该阶段是学生到合作企业生产岗位顶岗实践过程。让学生亲身经历企业的生产过程，实现由学校到企业教学环境的转变、学生到员工的身份转变，在工人师傅的指导下，运用已有的知识、技能、经历和经验在企业生产岗位实践中提高生产实践能力，适应企业管理的规范性、严谨性。

1）通过生产实习加深对汽车运用与维修专业认识的理解，巩固专业思想，激发学习热情。

2）熟悉汽车修理环境、修理工具，为以后走上工作岗位积累一定的知识与经验。

3）开拓视野，增强专业意识，巩固和理解专业课程。

4）通过现场维修实习和企业员工的交流指导，理论联系实际，把所学的理论知识加以印证、深化、巩固和充实，培养分析、解决工程实际问题的能力，为后面专业知识的学习、课程设计和毕业设计打下坚实的基础。

5）实习内容及过程。不管是旧车还是新车，在使用一段时间后由于磨损老化等原因，必须对其进行保养，以保持和恢复汽车的技术性能，保证汽车具有良好的使用性和可靠性，延长使用寿命。

《发动机保养规定》：车辆实际行驶里程达到5000 ~ 10000km时到就近服务站进行第一次保养；车辆实际行驶（7500 ± 500）km时到就近服务站进行第二次保养；车辆在进行第二次保养后，每间隔里程5000km必须进行一次例行保养。

汽车的日常保养非常重要。对日常保养稍有大意不仅会给车辆造成无谓的损伤，而且危及行车安全。例如：润滑油缺乏会引起拉缸烧瓦，车辆某一部分功能失常会引起交通事故等。反之，如果日常工作做得仔细认真，不仅能使车辆保持常新，同时也能掌握车辆各部分的技术状况，避免机械事故和交通事故。

其实，日常保养工作很简单，归纳起来就是：清洁紧固、检查、更换。

① 清洁。空气中含有大量灰尘、泥沙和酸性物质，不仅容易被泄漏的燃油黏附，在高

温烘烤下容易形成坚硬的保温层，使机件的散热性能变差，而且容易被车身静电吸附而侵蚀油漆面，使其过早褪色。

清洁空气滤清器：空气滤清器过脏会阻碍新鲜空气进入气缸，导致混合气过浓、燃烧不完全、功率下降、排气超标。现代空气滤清器一般都采用纸质滤芯，清洁时注意不要用水或油洗，应采用轻拍法和吹洗法。轻拍法即轻轻拍打滤芯端面，使灰尘脱落。吹洗法即用压缩空气从滤芯内部往外吹洗，空气压力不应超过 0.3MPa

清洁机油滤清器：机油滤清器堵塞，会阻碍润滑油的流动，使发动机润滑不良、磨损加大甚至烧瓦等。为此，应定期清洗或更换。通常每行驶 8000km 更换一次，若气候干燥，应缩短为 5000km 更换一次。

清洁蓄电池：现代轿车一般都采用免维护蓄电池，首先清洁蓄电池顶部，避免极柱间因电解液或其他杂质而造成短路；其次清洁蓄电池接线柱，防止接头产生氧化物而导致接触不良。通气孔应畅通，以免蓄电池内压力或温度过高而爆裂。

② 紧固。车辆行驶过程中的振动、颠簸、摇摆等，必然造成连接件松动、磨损。因此，在日常保养中要及时紧固。连接件的日常紧固工作直接关系到行车安全，特别是重要部件，切不可掉以轻心。

首先，对发动机周围各胶管的接头进行紧固，防止油液泄漏。

其次，紧固各线路及用电设备的插接器，防止断路、短路、搭铁等情况影响用电设备的正常工作。

再次，对主要的连接件进行检查紧固，如发电机传动带、转向联动及制动装置连接点、传动系统及轮胎等。

③ 检查。连接件紧固后，应检查油液的液面高度和品质，油液在高温下会逐渐损耗与氧化而导致液面降低和性能变差。

检查润滑油液面的高度：冷车时取出机油尺，擦净后，插入油底壳底部，取出后观察其高度，应在上下标线之间。热车时应熄火，待机油全部流入油底壳后再进行测量。

检查冷却液液面的高度：冷车时膨胀水箱中的冷却液应是满的，膨胀水箱内液面高度应在上下标线之间。热车时液面高度应略高于上标线。

检查制动液、转向液液面高度：旋下螺栓，直接观察液面是否在规定标线范围内。

④ 更换。通常每行驶 8000km 或半年就更换一次机油；每行驶 20000 ~ 40000km 或 2 年更换一次制动液；使用 1 ~ 2 年更换一次冷却液；每使用一年或行驶 10000km 更换一次液压油。

七、如何进行课外拓展

了解汽车竞赛的各种知识，瞭望汽车展会的魅影，浏览世界著名汽车城及其标志性建筑，让电影中的汽车带着你一起风驰电掣，尽情领略汽车的时尚风情。

1. 汽车运动

汽车运动是指汽车在封闭场地、道路或野外比汽速度、驾驶技术和性能的一种体育运动项目。汽车运动是集人、车为一体的综合较量，不只是车手的个人技艺、意志和胆量的竞争，也体现了人类对自然的征服能力。

汽车运动既为汽车厂家提供了一个苛刻的产品质量试验场，也为汽车爱好者和汽车带来一种刺激和美的享受。汽车运动推动了世界汽车工业的科技进步和快速发展。汽车运动的成绩在一定程度上会影响汽车生产厂家的产品市场占有率，所以各国的大汽车厂商都非常重视汽车运动。

1）一级方程式比赛（F1 比赛）。方程式比赛是汽车场地赛的一种，由于参加这种比赛的赛车必须依照国际汽联制定的车辆技术规定的方程式制造，称为方程式赛车。这些标准对方程式赛车的车长、车宽、车重，发动机的功率、排量，是否用增压器以及轮胎的尺寸等技术都做了严格的规定。

一级方程式比赛

2）汽车拉力赛。拉力赛一词取自英文“Rally”，有集结的意思。拉力赛要求参赛车辆必须严格按照比赛规定的行驶路线，在规定的时间内，到达每一个封闭路段或维修区域等地点进行规定的比赛和规定时间的维修等。由于比赛不仅考验车手的水平，还要考验领航员的配合、车辆性能以及维修的力量，无论对于选手还是车队都是一项无比复杂的综合性考验。拉力赛的赛段为各种临时封闭的普通道路，包括山区和丘陵的盘山公路、泥泞路、冰雪路等，也有无法封闭的沙漠、草原等地段。

汽车拉力赛

参赛车辆均为各大汽车公司生产的原型车，但必须经过不同程度的改装方可参赛。无限制改装的称为 A 组赛车，除了保留外形和原厂标志以外，几乎所有的部件都可以改装。有限制改装的称为 N 组赛车，只允许进行安全改装和有限的性能改装。

国际上著名的汽车拉力赛有世界拉力锦标赛、欧洲拉力锦标赛、亚洲拉力锦标赛、非洲拉力锦标赛、达喀尔拉力赛等。

2. 汽车展会

汽车展会是汽车制造商宣传品牌、展示最新汽车科技、发布新车的最佳场所，通过车展可以看到全球汽车行业发展的前景和未来的走向。车展是展示汽车企业品牌文化、最新研发成果的一个平台，有些车展的影响力越来越大，对全世界汽车工业的发展起到推动和促进作用。而有些车展则更具本土特色，成为当地车迷和购车者心仪的文化消费场所。

目前，比较有名的国际车展共有五个，包括欧洲的法国巴黎车展、德国法兰克福车展，瑞士日内瓦车展、北美洲的北美车展和亚洲的东京车展。这五大车展无论在参展商的规模和级别、汽车展品的档次、首次亮相的新车和概念车的数量，还是在场馆面积、配套设施的先进性和主办方的服务质量等方面，都堪称国际一流。

在这五大车展中，就面积而言，法兰克福车展排第一，车展规模大，商业性强；东京车展是各种小型汽车的展示天堂，就参观者来说，东京车展排名第一；就车展历史而言，巴黎车展排名第一，而且是概念车的聚集地；而日内瓦车展却最受媒体关注，突出汽车时尚潮流展示；北美车展是新车发布和概念车最集中的车展。对每个车展，跨国汽车巨头都会精心策划自己的新产品和新项目，选择重大车展发布已经成为国际汽车行业推行新产品的一个重要策略。

我国从 1980 年开始举办国际汽车展览会，时至今日，北京车展、上海车展、广州车展、长春车展等都已举办得比较成功。随着中国经济的飞速发展，人们购车的欲望越来越强烈，国外汽车厂商看好中国潜力无限的汽车市场，纷纷不惜重金前来参展。

车展不仅给主办方带来了丰厚利润，也推动了地方经济的发展，起到扩大交流、提高城市知名度和形象的作用。汽车会展涉及旅游、住宿、餐饮、广告、印刷、铁路、公路、民航等20 多个行业，展会主办方与相关行业之间的总体收入比是1:6 ~1:8，即主办方收入1 元，相关行业总体收入就有 6 ~8 元，由此可见车展效应的魅力。

3. 汽车杂志

汽车杂志和报纸等各类出版物是汽车文化的传播载体，它们将汽车人的思想文化传播给大众，并使之接受。随着汽车工业的快速发展，汽车杂志市场也在逐步走向成熟和细分。从最初的内容“杂”为主要标志的杂志，逐步过渡到类别杂志上来。汽车杂志类别大致包括学术类、科普类和消费时尚类三种。

汽车杂志迅速发展有着深刻的社会经济、消费文化和用户的专业知识，以及需求不断发展的背景。汽车对于家庭而言是一种高值、耐用，同时又是结构和性能比较复杂、种类繁多的消费品。汽车消费者，尤其是首次购买的用户，都希望在汽车购买、使用、维护等方面得到专业指导。而汽车杂志版面多，图片质量好，能够提供专业性强、数量多、新鲜又有深度的内容，自然就成为百姓购车、用车的向导。

汽车杂志具有很强的行业特征，又与现代生活息息相关，在其繁荣的背后，同样有着与当前汽车行业一样激烈的市场竞争。在竞争者越来越多的情形下，很多汽车杂志都在不停地加页，不断提升内容质量和印刷水平，不断增强核心竞争力，以争夺有限的读者和广告商。

4. 中国汽车文化

中国汽车工业起步晚，经历了五十多年的发展，近几年发展速度加快，一大批自主品牌企业正迅速崛起，伴随而来的独具特色的中国汽车文化正悄然形成。

2004 年，以时尚的外形和靓丽的色彩颠覆了传统汽车形象的奇瑞 QQ 举办了首届“QQ

汽车文化节"，从此，文化节的主题始终围绕着"积极、乐观、快乐、热情"的品牌文化理念，它所体现出来的乐观向上的创新精神，引导国内时尚汽车文化的发展方向。

汽车彩绘

汽车车名则是一个国家汽车文化的缩影。中国汽车业发展之初，给汽车取名带有明显的时代色彩，如解放、红旗、跃进等，如今取名更显文化底蕴。民间设计师李光明设计了三款汽车模型，分别起名为风、雅、颂，设计理念源自中国的阴阳理论，所有车身全为流线形，没有一丝硬度变化，内涵中国的太极之美。吟咏着《诗经》，"咀嚼"着三款汽车模型风、雅、颂，谁能不为浓郁的中国汽车文化而感叹呢？

广播界交通台的兴旺，则凸显出汽车文化的日趋成熟。很多城市，随着私家车的涌现，各地的交通台应运而生。交通台以现场直播的模式，为那些每天行驶在道路上的百万人，传递各种资讯，构建起一个封闭在小车空间里私密的"场"。这个汽车文化的"场"，不知疲倦地对每天坐在小车里面遭受堵车之苦的人群，进行"心理按摩"。

汽车文化的表现形式日益多样化、多元化，并以势不可挡的各种形式进入社会文化的各个领域。

中国的汽车文化应是中国所倡导的主流文化的体现和发展，既具有原创和民族特征，又能兼收并蓄。在成长过程中，更要将安全、环保、节能作为汽车文化的主题，构建人、车、路和谐的社会氛围。科技进步决定着汽车产业的发展水平，文化精神将决定汽车产业的发展方向和汽车社会的未来命运。

5. 自驾游

自驾游属于自助旅游的一种类型，是有别于传统的集体参团旅游的一种新的旅游形态。自驾车旅游在选择对象、参与程序和体验自由等方面，给旅游者提供了伸缩自如的空间，其本身具有自由化与个性化、灵活性与舒适性及选择性与季节性等内在特点，与传统的参团方式相比具有本身的特点和魅力。

自驾车的车辆主要有轿车、越野车、房车和摩托车等，以私有为主，也可以采用借用、租赁及其他方式；驾车的目的具有多样性和随意性，最终决定权在于车主或出行团队。可见，旅游是自驾车的活动内容之一，当自驾车作为旅游手段时会有以下变化：驾车者可以是车主或其同行者，驾车出行以休闲旅游为主要目的，非工作、运输等原因；自驾车旅游带有私人出游性质，非公众旅游。

随着汽车越来越多地进入寻常百姓家及道路状况的改观，人们的出行半径也由此变得越来越大，伴随兴起的自驾游正成为一种时尚的生活方式。

6. 汽车俱乐部

汽车俱乐部主要是为了满足汽车爱好者对汽车的不同兴趣爱好而成立的。

汽车俱乐部是一个特殊的团体，在这里，人们追求生活品位，追求速度，有着共同的兴趣与爱好；在这里，年龄不是界限，性别不是界限，财富更不是界限；你能够在这里找到这个拥挤的城市中你想拥有的快乐！

国内最早的专业汽车俱乐部——北京大陆汽车俱乐部（CAA）诞生于1995年。

随着私家车的广泛普及和市场规模的不断扩大，为私家车提供服务的汽车俱乐部如雨后春笋一般成长起来。这些汽车俱乐部多采用会员制的形式，向驾车人提供“24h公路救援为主、其他综合性汽车服务为辅”的全方位汽车保障服务。汽车俱乐部通过组织各种活动，极大地丰富了会员的业余生活，增加了会员对汽车知识的了解，扩大了人际交流，同时也为厂商在汽车营销与汽车文化领域摸索出了一条新路，为汽车文化发展注入了新的内容。

【课后练习题】

1. 汽车文化有哪些表现形式？
2. 你能说出更多国家的汽车文化内容吗？
3. 你所喜爱的汽车广告语是什么？
4. 汽车俱乐部都会组织些什么活动？

第三章

CHAPTER 3

认识汽车职业岗位的就业要求

【引　言】

经过三到五年的学习，我们将走上工作岗位，去实现自己的人生梦想；也会有一部分同学参加升学考试，到高等院校继续进行深造。我们即将走进陌生的职场，从校园到社会，迎接新的挑战。为此首先要了解我们即将从事的工作岗位是怎样的，以及该岗位的历史、现状及发展前景。

【学习目标】

1. 了解汽车学院。
2. 了解所学的课程。
3. 了解汽车专业的人才培养方案和培养目标。
4. 了解汽车专业的分类和就业准入制度。
5. 了解社会对车辆工程专业人才的要求。
6. 了解汽车维修技术岗位。
7. 了解汽车后市场的工作岗位。

【任务描述】

张华是一名初中毕业生，中考后跟随朋友到外地打工，他从小就对汽车维修非常感兴趣，所以希望自己将来从事汽车维修方面的工作。可是到维修企业应聘时，招聘企业看他年龄小，也没有汽车维修技术和相关的职业资格证书，都拒绝聘用张华。为了获得汽车维修技术和从业的资格证书，张华来到一所职业学校，准备学习汽车维修技术。在做出决定之前，张华想更多地了解这个专业，以及毕业后的就业方向、相关国家政策、岗位、企业对人才的要求。

一、了解汽车学院

汽车学院是培养具备机械工程基础知识和理论，扎实掌握车辆工程专业基础知识和能力，能在科研院所、企业、高新技术公司从事各种车辆（包括乘用车、商用车、改装车辆、特种车辆）的研究、设计、制造、检测、实验、开发、应用研究等工作以及能从事运行管理、经营销售的高级工程技术人才。

1. 培养目标

本专业学生主要学习机械设计、制造、电工电子技术、计算机技术、信息处理技术及自动化等机械工程基础理论，学习汽车构造、汽车设计、汽车理论、汽车实验和汽车电子控制等方面的专业知识，接受现代机械工程师的基本训练，培养车辆设计、制造、实验、检测、运行管理等方面的能力。

2. 毕业生应获得的知识与能力

1）具有较扎实的自然科学基础，较好的人文和社会科学基础及语言、文字表达能力。

2）系统地掌握机械工程和车辆工程专业领域的技术理论基础知识，主要包括力学、机械学、电工与电子技术、计算机技术、机械工程材料、机械控制工程。并掌握汽车构造、汽车理论、汽车设计、汽车电子、车身制造、汽车发动机原理等专业基础知识和经营管理等知识。

3）具有本专业必需的制图、计算、测试、文献检索和基本工艺操作等基本技能及较强的计算机和外语应用能力。

4）了解本专业学科前沿及发展趋势。

5）具有初步的科学研究、技术开发及组织管理能力。

6）具有较强的自学能力、创新意识和较高的综合素质。

3. 专业特色

注重教学内容的先进性与实用性；注重机电结合与机电一体化技术，建有汽车电子控制技术试验室；专业与汽车制造企业紧密联系，不仅有教学计划中的实习，而且优秀学生可参与实际科研工作，得到锻炼。紧密结合汽车行业现代技术与需求，加强汽车电子、车身和振动噪声等技术的学习，注重特种专用车辆的设计。

4. 汽车工程专业学习内容

（1）汽车服务工程　学习内容：工程力学、机械设计基础、电工与电子技术基础、汽车构造、汽车运用工程、汽车服务系统规划、汽车营销与策划、汽车服务工程、汽车电器设备、汽车电子控制系统、交通运输学、汽车维修工程、汽车检测与故障诊断等。

（2）汽车销售与评估　学习内容：汽车文化、机械制图、汽车机械基础、汽车电工与电子、发动机构造与维修、汽车底盘构造与维修、汽车电器设备与维修、汽车故障诊断与排除、车身电子控制技术、汽车检测技术、汽车空调原理与维修、自动变速器原理与维修、电控发动机原理与维修、汽车专业英语、汽车美容技术、汽车驾驶等。

（3）汽车检测与维修　学习内容：汽车文化、机械制图、汽车机械基础、汽车电工与电子、汽车构造、汽车检测与诊断技术、旧机动车鉴定与评估、事故车鉴定与评估、商业法律与法规、汽修企业管理、汽车销售、汽车专业英语、实用商务英语、汽车驾驶技术等。

(4) 汽车商务管理 学习内容：汽车文化、汽车机械基础、汽车电工电子基础、法律常识及应用基础知识、车辆识别与估损资料使用、汽车构造、机动车定损、碰撞分析与估损的电子化技术、交通事故现场查勘、汽车保险基础、车险理赔流程、车险索赔与理赔技巧、经典交通事故与保险理赔案例分析等。

二、职业素养是立业之本

随着国内汽车市场如火如荼的发展，我国汽车保有量逐年增加，许多职业院校相继开设了汽车检测与维修技术专业，以满足日益增长的对汽车维修专业技术人才的需要。因此，社会必然对这些人才提出更高的要求，除了培养学生的专业技能之外，还必须着重培养和提高学生的职业素养，以满足用人单位和社会的需求。

职业素养通常指职业的内在规范和要求，是在职业过程中表现出来的综合品质，这种综合品质一般包含职业技能、职业道德、职业行为、职业作风和职业意识等方面。职业素养是职业院校大学生成为职业人必需的基础，包含广泛的内容。大量事实表明，现代企业更看重学生的综合素质。

但是，很多学校往往忽视对职业道德、职业意识和职业态度等的培养，这样很难从根本上提高学生就业的核心竞争力，因此全方位职业素养的培训显得尤为重要。

职校生应该提高自我修养，在思想、情操、意志、体魄等方面进行自我锻炼，成为合格的职业人。

(1) 学生要明确职业方向，培养职业意识 很多经过高中三年“苦日子”的学生在进入大学后，自我管理能力较为薄弱，一到自由的大学校园中，就生活混乱，打牌、上网、踢球、无心学习等现象频发，导致自身素质低下，毕业求职时达不到用人单位的要求而求职失败。

应该从学生入学开始，就指导其多了解所学专业，广泛接触社会，了解社会需求和用人要求，了解各种职业特点，找到适合自己的理想职业，并有的放矢地学习相关专业知识，增加知识储备。

学校会通过辅导员向学生灌输职业意识，开设职业规划课程、往届优秀毕业生就业经验交流会等，并通过校外实训基地，邀请汽车企业的相关人士开设讲座，结合实验实训课进入企业，让学生实地考察学习。

(2) 引导学生配合完成培养任务，获取职业技能 职业院校毕业生具有上手快、适应性强等特点。职业院校会把培养学生的实践能力放在突出位置，推行“双证书”制度。学生获得汽车维修高级工证书的比例逐年提高，“双证书”已经成为帮助高职学生就业的有力工具。曾有媒体报道：在招聘会现场，持毕业证、职业资格证的“双证书”技能型人才十分畅销。“具备职业资格证书能体现学生在该专业的实践水平，大大缩短上岗的适应期。”这一点，不少用人单位已经达成共识。

(3) 学生应该参与团队合作，提高人际交往能力 人际交往能力包括表达理解能力、人际融合能力和解决问题能力。首先，学生往往表达理解能力较差，无法将自己内心的思想表达出来，以便他人清楚地了解自己的想法。其次是人际交往能力较弱，能适应环境、与人正常交往是学生心理健康的基础之一，有些学生不能或不愿与他人交往，更有甚者，表现出社交恐惧。最后是解决问题的能力较差，这里多指独立解决问题的能力。再加上应试教育的弊端，严重影响了学生的交往能力。

学生在校就读是一个参与集体活动的过程，学校为学生提供了各类活动机会，学生积极参与其中就能获得人际交往能力。例如，可以根据兴趣、爱好、特长或专业等参加学生社团，在社团活动中培养和提高组织管理、人际交往、团结协作、情感管理、情绪控制等能力。

（4）培养自我学习意识，提高获取信息的能力　自我学习是学生欠缺的，学生通常一味地接受学校安排的学习内容，很少主动要求学习，这可能就是职业院校学生与其他院校学生在自我学习方面存在的差距。那么，是不是职业院校学生就不需要自我学习呢？恰恰相反，从近几年对企业的调查中可以看出，企业在招用员工时，会考虑员工是否具有自我学习、主动获取信息的能力，这也是考察员工能否可持续发展的因素。

职业院校毕业生要提高就业竞争力，就要在培养自我学习、提高获取信息能力上多努力，激发学生自我学习动力，做自主学习的主人；学会从各种渠道获取信息，自主决定学习内容，灵活选择学习材料；利用校园的一切资源，如老师、图书馆、实验室、实训工厂、社团及周围的同学等，培养自主学习能力。

学生要想在职业生涯中获得成功，就需要不断提高自身的职业素养，完善自我。除了要有职业意识、职业技能、职业道德、人际交往能力、获取信息的能力等这些职业素养外，还应该具备良好的礼仪修养、健康的身体素质、健全的心理条件等。这些都需要对学生进行有意识的培养与提高。

职业院校的学生在很多人眼中是一群不爱学习、成绩差、贪玩、不认真的“坏”孩子，他们往往在步入社会前就被人为地贴上了“标签”。然而，实际情况并非如此。这群孩子思想活跃，很有想法，他们或许不适合搞科研、坐办公室等，但他们实干能力很强，普遍喜欢动手，只要循循善诱，他们就一定可以成为同时具备专业技能和高职业素养的实用型人才。

三、汽车维修技术岗位

汽车维修人员的培养培训已被纳入国家“技能型紧缺人才培养培训工程”。近年来，汽车维修技师一直位列技能人才需求的前三名。

虽然近几年汽车产销量增幅在不断缩小，但汽车的各类服务仍在不断进行完善，国内目前，与汽车产业相关的如汽车维修、加油站、客运、金融、保险和广告宣传等被逐渐带动，因此汽车专业就业前景依旧明朗。汽车行业的热门职位包括汽车修理工、销售顾问、汽车美容师、汽车研发人员、汽车设计人员、二手车评估师、汽车质量工程师。

根据统计数据显示，目前全国汽修行业人才有260万的缺口，而且这个缺口还在不断扩大。针对汽车行业蓝领工人用工情况所做的调研显示，汽车零部件行业有超过一半的企业已经表示出现了比较严重的工人短缺情况。不少企业已经采取了优化招聘渠道、发放额外奖金，以及提高基本工资和加班工资标准等措施来应对工人短缺。

在德国等发达国家的汽修行业，高级技工占35%，中级技工占50%，初级技工占15%，而在中国，汽修公司里高级技师占 1.5%，高级技工仅占 3.5%，中级技工占 35%，初级技工却占 60%，我国汽车修理企业人员素质已远远满足不了企业发展的需求，并且所需的均为高级技能型人才。

当前汽车维修业的技术水平已有整体提高，并且有越来越多的大专、本科人才加入。以中鑫之宝汽车服务有限公司为例，该企业对汽车相关专业正规学校出身的大、中专学生尤其需要，这些人才在一线维修岗位锻炼 1 ~2 年后，多数已成为企业的技术骨干。但目前行业内维修技术水平现状依然滞后于新技术对维修技术的要求。

据相关资料统计，2016 年行业从业者平均工资收入每月 4451 元。其中，有 5 年或以上工作经验的汽车维修从业者平均月薪 5763 元，有 3 ~4 年工作经验的汽车维修从业者平均月薪 4937 元，有 1 ~2 年工作经验的汽车维修从业者平均月薪 4330 元。具有本科或以上学历从业者平均月薪 6761 元，大专学历从业者平均月薪 5968 元，中专/高中从业者平均月薪 3385 元，小学/初中从业者平均月薪 2916 元。根据销售及服务汽车品牌的不同，从业人员的薪资也有所不同。通常情况下，豪华汽车维修企业的员工工资相对较高。

目前，先进的汽车维修方式已从在汽车出现了故障后再去修理，向“定期检测、强制维护、视情修理”的方向转变。此外，汽车维修从“修旧式”向“换件式”转变。近年来，更出现了汽车远程诊断技术。因此行业对高技能人才也产生了大量需求，提高了对汽车修理人员的知识、技能等方面的要求。

掌握现代电子维修技术

大量现代化电子检测设备的运用，决定了汽车维修人员在掌握传统的机械维修技术的同时，还必须尽快掌握现代电子维修技术。从维修操作程序来说，现代化的汽车维修分为接车、记录、检测诊断、修理等程序，每个工序的分工不同，对技术人才要求也不同。

四、汽车制造类岗位

汽车制造与检修专业是面向社会人才缺口的一个热门专业，学生在毕业后可能从事的岗位包括冲压岗位，焊接岗位、涂装岗位、装配岗位、检验岗位、班组管理岗位、数控机床操作岗位、普通机床操作岗位、零部件装配岗位等。

1. 素质要求

具有良好职业道德、设备及设备维修等技术技能专长，能够满足汽车制造生产一线职业岗位需求。

具有较强的事业心和责任感，具有勤奋好学、爱岗敬业的道德品质及吃苦耐劳、实干创新、团队合作的精神；具有一定的文化素养和良好的身体心理素质。

2. 岗位人员基本要求

汽车制造与检修专业走向社会面临着多种岗位选择，每一岗位都有着具体的岗位职责要求，但是所有岗位对专业人员也有着共同的基本要求。基本要求包括：要严格遵守汽车制造与检修的安全生产规章制度；学习机械设计基础、发动机原理与汽车理论、电工技术、电子技术、汽车电子控制技术、汽车性能与实验、汽车运用与维修、机械设计基础课程设计、汽车拆装、汽车修理、汽车性能实验、汽车电子控制部件检测与调试等课程，熟知并能准确把握应用各种生产、检修模具和机械设备，掌握基本的冲压技术工艺；对汽车制造与检修中各个岗位的作业标准书能够进行阅读并理解，对于本岗位的作业标准书能够保证完成；能够对岗位作业过程中出现的异常情况具有识别能力并能够进行基本的处理或者提出解决、改进的方案；掌握并能够熟练使用现代办公操作软件；能够在工作中与相关岗位工作人员形成配合，具有团队合作的意识，还要勇于担当，肯吃苦，对本岗位的生产质量负责。

3. 岗位

包括汽车制造企业设计研发、产品技术、市场营销等部门，从事汽车制造、品质监控、汽车市场技术支持、试验测试、整车装配线技术支持、汽车零部件技术改进、品质检验、汽车市场技术服务、汽车零部件设计研发、生产管理、汽车服务技术支持等岗位。

4. 岗位能力需求

德智体全面发展，适应现代汽车产业体系建设需要；掌握汽车结构和性能、汽车零部件制图、机械原理与设计、汽车制造工艺、测试技术、质量控制等基本理论和知识；具备整车产品技术支持、汽车零部件技术改进、质量监控、汽车试验测试、汽车市场技术问题处理等能力；能够从事汽车及相关领域生产制造、品质检验、试验测试、汽车市场技术支持等工作。

1）具有坚定正确的政治方向和为人民服务的思想，树立正确的世界观、人生观和价值观，热爱祖国，具有社会责任感和献身精神。

2）具有敬业爱岗、团结合作的品质，以及良好的职业道德素养、健康的身心素质。

3）具有一定的计算机应用能力和信息收集与处理能力，有较高的外语综合应用能力，有较强的沟通表达能力。

4）具有扎实的自然科学基础和良好的人文社会科学基础。

5）具有本专业必需的机械、电工与电子技术、计算机应用技术等基本知识和技能。

6）具有较强的汽车零部件识图、制图能力。

7）具有汽车结构的基本知识及熟练的汽车零部件及总成的拆装技能。

8）具有发动机和汽车性能的基本理论及汽车性能测试的基本技能。

9）具有汽车制造工艺和汽车设计的基础知识及初步分析汽车零部件加工过程中的工艺及设计问题的能力。

10）具有汽车试验测试技术的基础理论和基本的试验测试方法和技能。

11）具有质量控制的基础知识和技能。

12）具有初步解决一线生产、实践等技术问题的能力。

13）能够取得与本专业相关的从业资格证书。

14）能够了解本专业学科前沿和发展趋势及相关专业领域的基本知识。

15）能够了解本专业领域技术标准及相关行业的政策、法律、法规。

16）具有较强的自学能力、汽车技术应用能力和创新意识。

17）具有初步的科学研究、科技开发及组织管理能力。

五、汽车后市场服务类岗位

随着越来越多的家庭拥有私家车，汽车销售、汽车保养、修车、二手车销售和事故车鉴定、车辆保险、事故查勘理赔等一系列汽车后市场行业便兴盛起来。

1. 素质要求

有较强的事业心和责任感；具有勤奋好学、爱岗敬业的道德品质及吃苦耐劳、实干创新、团队合作的精神；具有一定的文化素养和良好的身体心理素质；具有良好的人际交流与沟通能力；具有正确的人生观与价值观。

2. 岗位能力需求

熟悉计算机知识和必备的数理基础知识；了解现代汽车新结构、新装备、新技术、新工艺、近期发展动态；掌握汽车结构和技术状态的鉴定、汽车使用情况分析知识；掌握二手车鉴定和评估知识及二手车营销和销售实务知识；掌握汽车保险和事故车定损知识；掌握汽车英语，并能阅读汽车专业英文资料；掌握二手车法律法规知识；理解汽车保险以及汽车服务企业管理等相关知识。

1）具备新知识、新技能的学习能力和创新创业能力。

2）具备对现代汽车的构造和工作原理进行分析的能力。

3）具备根据汽车消费市场和消费心理进行汽车整车与配件销售的能力；具备客户服务与沟通能力；具备查阅汽车维修资料和一定的外文资料阅读能力。

4）具备二手车鉴定和评估能力。

5）具备二手车销售和售后服务能力。

6）具备汽车碰撞损伤的诊断、车身损坏部位的修理、维修费用的评估能力。

7）具备汽车性能评价能力及基本的企业管理能力。

8）具备汽车备件管理、汽车保险理赔等基本能力。

9）具备基本的计算机操作能力，能够熟练使用 Word、Excel、PowerPoint 等计算机办公软件；达到二手车评估师、事故车估损师与二手车营销师等职业技能标准。

六、企业就业招聘告示范文

一汽-大众汽车有限公司 2017 校园招聘公告

亲爱的 2017 届毕业生：

您好！

感谢您关注一汽-大众 2017 校园招聘！

一汽-大众汽车有限公司（以下简称一汽-大众）于 1991 年 2 月 6 日成立，是由中国第一汽车股份有限公司、德国大众汽车股份公司、奥迪汽车股份公司和大众汽车（中国）投资有限公司合资经营的大型乘用车企业，是我国第一个按经济规模起步建设的现代化乘用车企业。

经过25年的发展，一汽-大众在东北长春、西南成都和华南佛山建有三大基地，拥有七大专业生产厂。位于青岛的华东基地和位于天津的华北基地正在建设中。从建厂当初的一个品牌一款产品，发展到现在的奥迪、大众两大品牌覆盖A、B、C级的12大系列产品——奥迪A6L、奥迪Q5、奥迪A4L、奥迪Q3、奥迪A3 Sportback、奥迪A3 Limousine、迈腾、CC、速腾、宝来、高尔夫和捷达轿车，每款产品无论是性能还是销量都是其细分市场里的主导产品。一汽-大众成为中国轿车行业中，价格跨度最大的企业之一。

一汽-大众始终坚持成为“中国最优秀的汽车合资企业和员工眼中最具吸引力的公司”，以最开放的视野为员工提供广阔的舞台，通过国内院校招聘、社会招聘和海外招聘等多种渠道，吸纳更多人才加盟企业；打造了最具实效的个人、车间和人力资源部三方交互培养模式；同时，通过科学、公正、人性化的人才测评系统，为员工提供了通畅的职业发展通道。当前一汽-大众相当一部分高级经理和大部分二级经理都出自企业的自行培养。一汽-大众尊重员工的个人发展意愿，树立良好的雇主品牌形象，使得公司连续多年获得“中国大学生最佳雇主汽车行业第一名”和Top Employers Institute认证的“中国杰出雇主”称号。

2015年，一汽-大众整车批发销售1650289辆，生产1641111辆，产值2626亿元，向国家缴纳税金476亿元。在双方股东的支持下，一汽-大众丰富了产品规划，制约企业发展的产品线短板将从根本上解决。一汽-大众产品与产能项目稳步推进，全员全过程质量意识进一步强化，最佳雇主建设继续保持行业领先水平，正以稳健的步伐在实现“2020战略”的征途上阔步前行。

一汽-大众2017校园招聘流程

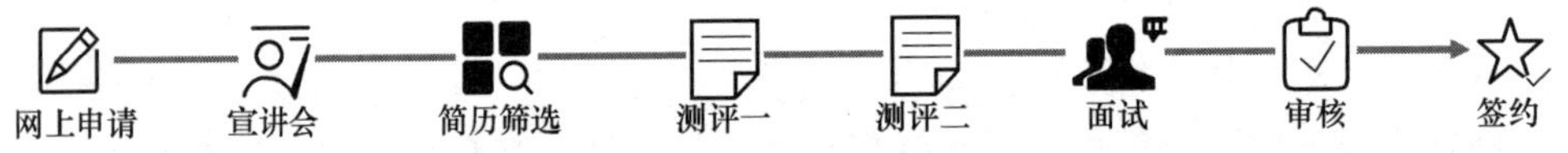

一汽-大众2017校园招聘简历投递系统正式启动，我们将在公司招聘网站、各校BBS、校园就业网及各大招聘网站及时更新发布招聘相关信息，欢迎大家踊跃投递简历！

【课后练习题】

一、简答题

1. 汽车学院是做什么的？

2. 汽车专业的学生主要学习什么知识？

3. 汽车学院毕业生应具备哪些知识和能力？

4. 汽车专业有哪些特色？

5. 如何获取汽车方面的职业技能？

6. 请你谈谈汽车维修企业对汽车维修人才的需求。

二、讨论题

1. 为什么要尽快掌握现代电子维修技术？

2. 为什么企业需要毕业生具有较强的事业心和责任感，具有勤奋好学、爱岗敬业的道德品质及吃苦耐劳、实干创新、团队合作的精神，具有一定的文化素养和良好的身体心理素质？

3. 请简述一下汽车维修技术专业人员应当具备的知识和技能。

4. 为什么说从事汽车维修，一定要能吃苦耐劳，只有坚持下来，并且不断学习积累，才能成为职场上抢手的汽车维修人才？

第四章

CHAPTER 4

为走向社会做好准备

【引　言】

随着时代的发展，职业教育的目标也在发生着重大变革，综合职业能力、素质教育的提高已经成为职业院校主要的学生培养目标。用人单位对学生的素质、关键能力的要求越来越高，具有高素质、高技能的人才将成为社会的宠儿。

在实际社会活动中，素质越来越被重视。好的素质和形象是一个人最好的名片，如果素质和形象不好就会失去很多机会。因此拥有良好的素质和职业形象，对于职业院校的学生来说是十分重要的。

【学习目标】

1. 学会对自己的职业生涯进行规划。
2. 了解为什么要提前做好职业生涯的规划。
3. 掌握大学生职业生涯规划方法和流程。
4. 掌握汽车专业的职业语言。
5. 学会塑造自己的职业形象。
6. 学会运用职业礼仪。
7. 掌握职业能力。

【任务描述】

房本亮在汽车职业学校学习3年就要毕业了，怀着对未来美好的期待，他即将走上一个新的工作岗位，去实现自己的人生梦想和目标。在毕业前房本亮想对自己的职业生涯进行规划，但不知道怎样规划自己的职业生涯。

房本亮想在毕业前看看自己以后的工作环境，到大众4S站以后看到学姐正在和客户交流，听着学姐优美浪漫的语言以及专业的汽车术语，房本亮就想我什么时候才能像学姐那样？

一、提前做好职业规划

职业生涯就是一个人的职业经历，它是指一个人一生中所有与职业相联系的行为与活动，以及相关的态度、价值观、愿望等连续性经历的过程，也是一个人一生中职业、职位的变迁及工作、理想的实现过程。职业生涯是一个动态的过程，它并不包含在职业上成功与否，每个工作着的人都有自己的职业生涯。

1. 职校生职业生涯规划

职校生职业生涯规划是指学生在职业院校期间进行系统的职业生涯规划的过程。它包括大学期间的学习规划、职业规划、爱情规划和生活规划。职业生涯规划的有无及好坏会直接影响大学期间的学习、生活质量，更会直接影响求职就业甚至未来职业生涯的成败。从狭义职业生涯规划的角度来看，此阶段主要是职业的准备期，主要目的是为未来的就业和事业发展做好准备。客观而言，进行系统的学习和实践至关重要，而能够担此教育重任的人应该具备丰富的职场经验并接受过系统的职业生涯辅导训练。对于乐职主义者而言，职业生涯规划是最基本的保障。

（1）流程

1）自我评价。自我评价就是要全面了解自己。一个有效的职业生涯设计必须是在充分且正确认识自身条件与相关环境的基础上进行的。要正确客观地审视自己、认识自己、了解自己，做好自我评估，包括自己的兴趣、特长、性格、学识、技能、智商、情商、思维方式等。即要弄清我想干什么、我能干什么、我应该干什么、在众多的职业面前我会选择什么等问题。

2）确立目标。确立目标是制定职业生涯规划的关键，通常目标有短期目标、中期目标、长期目标和人生目标之分。长期目标需要个人经过长期艰苦努力、不懈奋斗才有可能实现，确立长期目标时要立足现实、慎重选择、全面考虑，使之既有现实性又有前瞻性。短期目标更具体，对人的影响也更直接，也是长期目标的组成部分。须注意的是，在确立目标时充分说明各目标的内容，才能展现职业规划的具体目标。

3）环境评价。在制定职业生涯规划前还要充分认识与了解相关的环境，评估环境因素对自己职业生涯发展的影响，分析环境条件的特点、发展变化情况，把握环境因素的优势与限制，了解本专业、本行业的地位、形势以及发展趋势。

4）职业定位。职业定位就是要为职业目标与自己的潜能以及主客观条件谋求最佳匹配。良好的职业定位是以自己的最佳才能、最优性格、最大兴趣、最有利的环境等信息为依据的。在职业定位过程中，要考虑性格与职业的匹配、兴趣与职业的匹配、特长与职业的匹配、专业与职业的匹配等。

（2）如何进行职业生涯规划

第一步：客观认识自我、准确进行职业定位（自我认知）。

第二步：评估职业机会、知己知彼（职业认知）。

第三步：择优选择职业目标和路径（确定目标和路径）。

（3）注意事项

1）依据客观现实，考虑个人与社会、单位的关系。

2）比较职业的条件、要求、性质与自身条件的匹配情况，选择条件更合适、更符合自己特长、更感兴趣、经过努力能很快胜任、有发展前途的职业。

3）正确认识自己的优缺点、个人性格，寻求合适的职业。

4）审时度势，及时调整，要根据情况的变化及时调整择业目标，不能固执己见、一成不变。

5）实施策略，就是要制订实现职业生涯目标的行动方案，要有具体的行为措施来保证。没有行动，职业目标只能是一种梦想。所以，要制订周详的行动方案，更要注意去落实。

6）评估与反馈。整个职业生涯规划要在实施中去检验，看效果如何，及时诊断各个环节出现的问题，找出相应对策，对规划进行调整与完善。

由此可以看出，整个规划流程中正确的自我评价是最为基础、最为核心的环节，这一环节做不好或出现偏差，就会导致整个职业生涯规划各个环节出现问题。

（4）格式　用五个问题归零思考：

1）我是谁?

2）我想做什么?

3）我能做什么?

4）环境支持或允许我做什么?

5）我的职业与生活规划是什么?

对于第一个问题“我是谁?”回答的要点是：面对自己，真实地写出每一个想到的答案；写完了再想想有无遗漏，认为确实没有了，便可按重要性进行排序。

对于第二个问题“我想做什么?”可将思绪回溯到孩童时代，从人生初次萌生第一个想干什么的念头开始，然后随年龄的增长，回忆自己真心向往过想干的事，并一一记录下来，写完后再想想有无遗漏，确实没有了，就进行认真的排序。

对于第三个问题“我能做什么?”则把证明确实存在的能力和自认为还可以开发出来的潜能都一一列出来，认为没有遗漏了，就进行认真的排序。

对于第四个问题“环境支持或允许我做什么?”的回答则要稍作分析：环境，有本单位、本市、本省、本国和其他国家。从小到大，只要认为自己有可能借助的环境，都应在考虑范畴之内。在这些环境中，认真想想自己可能获得什么支持和允许，搞明白后一一写下来，再按重要性排序。

职校生职业与生活规划是否必要？回答因人而异，但规划至少会给人带来以下好处：

1）减少许多焦虑与情绪波动（高涨与低落）。

2）生活与工作的效率更高，更易获得成就。

3）不易受到别人的干扰；可能给别人以有益的影响。

（5）大学生职业生涯规划范文

大学生职业生涯规划（一）

9月，是新生步入大学校园的季节，同时也是毕业生走出校园、重新定位的一个转折点。作为一名大一新生的我，怀着激动、喜悦的心情，充满着希望，也带着几分迷茫走进了大学校园。在我进入大学校园时，迎面而来的是美丽新奇的校园建设、亲切友善的同学面容、陌生向往的生活环境。我将从这里开始四年新的学习和生活。

进入大学，我曾思考过一个问题："我将如何度过自己的大学生活?"同时，更多的问题还将接踵而来，"课余时间怎么安排?""我的专业学习该怎么计划?"

一下子从高中时代如上弦箭般的紧张到大学无拘无束的生活，人很容易变得慵懒。习惯了高中时代的生活，上课、作业、考试及活动，都由老师或班主任统一安排。而到了大学，我们就像松了缰绳的野马，尽情玩乐，反而把最重要的学习丢到一边了。所以，对于刚进大学的我们来说，要先把目标定下来，想想四年后的路要怎样走？大学是一个全新的环境，步入这个环境的大学生，其实已经是半个社会人。作为一名新生，应该树立一个全新的意识：独立自主，自己来规划即将开始的大学生活。

1. 规划学习

明确四年后要做的事，制订计划。刚到大学的时候，老师说要在进校时就好好把握自己，尽快融入角色，一定要把入门的基础学好，为以后打好基础。相比高中，大学中的学习，更多的是自学，明确知道自己想做什么，然后制定相关目标就显得无比重要。我们汽车专业的学生，在学好专业的同时，还要学好普通话、学习计算机知识，辅助自己的学习，然后获得一些相关的证书，为将来的就业做好充分准备。

2. 调整心理

首先要正确看待自己。在这里，我们的基础都差不多，不管你在高中是多么出色还是落后。在这里我们都站在同一起跑线上，一切从零开始。

刚到大学，我们要先熟悉环境，适应大学生活。有的新生由于心理准备不足，高中时期的心理问题没有得到及时调整，而导致不能适应新环境，人际交往能力差，过分自卑和不够自信。经过这个学期的学习，我明白大学和高中一样都承受很大的压力：学习上的相互竞争，繁重的学习任务，紧张的考试压力以及期望与现实之间的差距等。然而由于胆量小，我的人际关系不是很好，以致失去了一些自我展示的机会。这些会让我心情烦躁，无心学习。在大学期间，我一定要克服这种种的问题，要做好对抗挫折的准备。有位老师对我们说树立正确的价值观很重要，能有效提高抗挫折的能力，同时也能更有效地控制自己的情感，提高分析问题和解决问题的能力。树立正确的价值观还能帮助我们明确学习、工作和生活的方向，无论遇到什么困难和挫折，都会心胸开阔、朝气蓬勃。

3. 处理关系

大学是个集体生活的地方，一个寝室很多人，大家的生活方式、成长环境都不一样，所以彼此间要学会宽容和融合，不断磨合。没有必要因为自己是来自大城市的富家子弟，就自觉高人一等，态度傲慢无礼，这样的话必然会被别人排斥孤立起来。相反，更没有必要因为自己是来自贫穷山区，吃的、穿的没别人好，而产生强烈的自卑感，认为自己比别人矮了半截，我想没有一个人愿意跟一个看不起自己的人交往。大家在同一个集体里面，就是互相平等的，要互相关心和谅解。

4. 树立目标

一年级目标：初步了解职业，提高人际沟通能力。主要内容有：和师哥师姐们进行交流，询问就业情况；参加学校活动，增加交流技巧；学习计算机知识，辅助自己的学习。

二年级目标：提高基本素质。主要内容有：通过参加学生会或社团等组织，锻炼自己的各种能力，同时检验自己的知识技能；尝试兼职、社会实践活动，并具有持续性；提高自己的责任感、主动性和受挫能力；增强英语口语能力和计算机应用能力。

三年级目标：提高求职技能，搜集公司信息。主要内容有：撰写专业学术文章，提出自己的见解；参加和专业有关的暑期工作，和同学交流求职心得体会；学习写简历、求职信；了解搜集工作信息的渠道，并积极尝试。

工作申请，成功就业：开始毕业后工作的申请，积极参加招聘活动，在实践中检验自己的积累和准备。预习或模拟面试；参加面试等。积极利用学校提供的条件，了解就业指导中心提供的用人公司资料信息，强化求职技巧。

大学生职业生涯规划（二）

1. 前言

我们向往着美好的明天，所以一直为着心中的那个梦而奋斗。大学生职业生涯规划，换个角度理解，就是对我们心中的那个蓝图的描绘。我们对自己的职业生涯进行规划，就是给自己的梦想插上翅膀。远大的理想总是建立在坚实的土地上的，青春短暂，从现在起，我们就要力争主动，好好规划一下未来的路，去描绘这张生命的白纸。

2. 个人资料

姓名：张明

性别：男

出生年月：1998 年 1 月 1 日

性格：外向

学历：中专一年级

专业：汽车运用与维修

座右铭：思想有多远，就能走多远。

3. 自我盘点

1）兴趣爱好。

业余爱好：读书、听音乐、运动

心中偶像：周恩来、比尔·盖茨

喜欢的文学作品：《红楼梦》《战争与和平》《老人与海》《平凡的世界》

喜欢的歌曲：《爱拼才会赢》《水手》《我的未来不是梦》

2）优势盘点。从小生活条件艰苦，让我养成了不怕苦的精神，创业是一个艰苦的过程，在这个漫长艰苦的过程中，它将是我唯一的，也是最宝贵的财富。

3）劣势盘点。因为来自农村，家庭条件差，没有经济基础，决定了我的事业起点相对较低，而且，到目前为止，我还没有任何工作经验，各类荣誉证书太少。

4）优点盘点。我乐观、开朗，而且口齿伶俐、胆大，有一股不服输的劲。

5）缺点盘点。做事不够细心，有时候也比较怀疑自己的能力，惰性较大。

4. 解决自我盘点中的劣势和缺点

当劣势和缺点成为你前进道路上的障碍时，就应充分地用你的优点，让其把你带出围障；虽然恒心不够，但可凭借那份积极向上的热情鞭策自己，久而久之，就会变得有恒心；还可充分利用一直关心、支持自己的庞大亲友团，真心向同学、老师、朋友请教，及时发现自己存在的各种不足并制订相应的计划加以改正。

5. 社会环境分析

1）一般社会环境：电子产品、网络铺天盖地，知识信息飞速发展，科技浪潮源源不绝，人才竞争日益激烈，形形色色人物竞相出场，让人不禁感叹，这世界变化好快。

2）特殊社会环境：将要从事的职业的行业环境。

6. 角色建议

父亲：目前，必须加强学习，为以后找工作奠定基础。同时，还要多锻炼自己，让自己成为同龄人中的强者。

母亲：学习要认真。

老师：聪明、机灵古怪。

同学：有较强的工作能力，聪明。

7. 职业生涯规划

1）学习生活规划。在这个高科技的社会，计算机已成为人们日常生活中不可缺少的一部分，而英语更让我们无处不体会到它的重要。因此，在大学的学习规划上，我将这两科作为学习的重中之重。在学习的同时，还要努力提高自己各方面的能力。

一年级：了解大学生活，了解专业知识，了解专业前景，了解大学期间应该掌握的技能以及以后就业所需要的证书。

二年级：要通过大学英语四级考试；通过计算机二级考试；熟悉掌握汽车专业课知识。

三年级：着重提高自己的工作能力、交际能力、动手能力和环境适应能力，同时锻炼自己独立解决问题的能力和创造性；尽量多兼职，积累工作经验。

积极参加招聘活动，在实践中检验自己的积累和准备。积极利用学校提供的条件，强化求职技巧，进行模拟面试等训练，尽可能地做出充分准备。

2）中期目标。2017—2019 年：利用 3 年左右的时间，经过不断的尝试、努力，初步找到适合自身发展的工作环境、岗位。

2017—2021 年：储备资金，积累经验。

2022 年：了解市场行情。

2023 年：筹划资金，办理相关手续，准备建立汽车维修4S 站。

2024 年：拥有自己的公司。

3）求职计划。毕业证书、资格证书，是我们求职的敲门砖，是一个公司招聘人才的首要条件，因此，我们要在大学期间拿到相关的证书。

公司招聘人才看的不仅是文凭和证书，更注重个人的能力与素质。所以，在校期间我们除了注重学习，还要注重个人素质的提高和能力的培养。

对于刚毕业的学生来说，经验的缺乏是一个很突出的问题，要想在众多应聘者中脱颖而出，就要在多方面占优势才行。所以，我们还要尽可能地积累更多的工作经验，这一方面可以通过兼职来实现，但在其过程中，要懂得总结经验。

一定要在大四之前把简历做好，留下更多的时间来找工作。

要时刻关注招聘信息，积极参加招聘活动，在公司选择我们的同时也选择一个适合自己的公司。

8. 结束语

任何目标，只说不做到头来都会是一场空。然而，现实是未知多变的，定出的目标计划随时都可能遭遇问题，要有清醒的头脑。一个人，若要获得成功，必须拿出勇气，付出努力、拼搏、奋斗。成功，不相信眼泪；未来，要靠自己去打拼！实现目标的历程需要付出艰辛的汗水和不懈的追求，不要因为挫折而畏缩不前，不要因为失败而一蹶不振；要有屡败屡战的精神，要有越挫越勇的气魄；成功最终会属于你的，每天要对自己说："我一定能成功，我一定按照目标的规划行动，坚持直到胜利的那一天。"既然认准了是正确的，就要一直走下去。

二、训练我们的职业形象

职业形象是指一个人在职场中公众面前树立的形象，具体包括外在形象、品德修养、专业能力和知识结构这四大方面。它能通过一个人的衣着打扮、言谈举止反映出一个人的专业态度、技术和技能等。

职业形象是十分重要的，它是一个人最好的名片，如果形象不好，就可能失去好多机会。因此，塑造良好的汽车职业形象，对于职业院校的学生来说是十分重要的。

1. 个人卫生礼仪

从事的职业不同，职业形象也是不同的。在个人卫生礼仪形象方面既有相同之处，也会有很大的差异。

个人卫生礼仪主要体现在仪容卫生礼仪、服饰卫生礼仪和公共卫生礼仪。

规范的职业形象是在美丽和职业化两个标准之间找到平衡点，发型是决定职业形象是否符合专业规范的重要因素。汽车职业人员在选择发型时，会在美丽和职业化标准之间摇摆，其实只要注意一下基本原则，美丽和职业就会兼得。对于汽车职业人员来说，无论男女发型都不能过于花哨、夸张，都要清洁干净、梳理有型，从事汽车维修的职业人员应该选择"寸头"。

女孩面部要清新整洁，没有多余的毛发，牙齿清洁无异物，口腔清新无异味，拥有和谐的个人职业形象。

从事汽车技术工作的职业人员，面部皮肤要光滑、洁净、不紧绷，眼睛明亮专注，不要有任何装饰品，整个面容朴实无华，尽显自然本色。

从事汽车服务工作的职业人员，眼睛要清澈含笑，皮肤要细腻、有光泽、有弹性，要进行化妆修饰，使自己变得亲切可信。身上淡淡的清香能拉近自己和客户之间的距离。女孩一定要注重自己手部的护理，手指纤细好看，不留长指甲、不涂指甲油，完全没有年轻女孩的个性装扮，这是汽车行业优秀职业人员的典型形象。

在穿职业装时，无论穿制服、套裙还是西装，都要保持衣服的整洁干净、平整无皱，身上没有任何污点、油渍、异味或破损之处。

2. 表情礼仪

表情是人的思想感情和内在情绪的外露。脸部则是人体中最能传情达意的部位，可以表现出喜、怒、哀、乐、忧、思等各种复杂的思想感情。在交际活动中表情倍受人们的注意。在人的千变万化的表情中，眼神和微笑最具礼仪功能和表现力。

（1）眼神　眼睛是心灵之窗，它能如实地反映出人的喜怒哀乐。有的人在与陌生人交往时，不知如何放置目光，不敢对视或死盯着对方。良好的交际目光应是坦然、亲切、和蔼有神。做到这一点的要领是：放松精神，把自己的目光放虚一点，不要聚集在对方脸上的某个部位，而是好像在用自己的目光笼罩对面的整个人。如果对对方的讲话感兴趣，就要用柔和友善的目光正视对方的眼睛；如果想要中断对方的谈话，可以有意识将目光稍微转向他处。当对方说了幼稚或错误的话显得拘谨害羞时，不要马上转移自己的视线，相反，要继续用柔和理解的目光注视对方，否则，会被别人误解为嘲笑他。当双方缄默不语时，不要再看着对方，以免加剧尴尬局面，谈得很投入时，不要东张西望，否则别人认为你已听得厌烦了。

目光是富有表现力的一种体态语，适当地运用能给交往带来好的作用，否则会带来不必要的误解。

角度：平视（正视），用于普通场合与身份平等者。

侧视：是平视的特殊情况，面部侧向平视对方，不能斜视，否则失礼。

仰视：即主动处于低处，抬头向上注视他人，表示尊重或敬畏，适用于晚辈面对尊长时。

俯视：低头向下注视他人，表示对晚辈以宽容、怜爱。

部位：双眼注视对方双眼为关注型注视，表示自己聚精会神，重视对方，但时间不宜过长。

双眼注视对方额头为公务型注视，表示严肃、认真、公事公办，适用于极为正规的公务活动。

直视：表示认真、尊重，若直视双眼，称为对视，表明大方、坦诚或是关注对方。

凝视：是直视中的一种，即全神贯注地注视，表示专注、恭敬。

盯视：目不转睛地长时间凝视，表示出神或挑衅，故不宜多用。

虚视：眼神不集中，目光不聚焦于某处，表示胆怯、疑虑、走神。

环视：即有节奏地注视不同的人或事物，适用于同时与多人打交道，表示认真、重视，一视同仁。

（2）微笑　五官中，嘴的表现力仅次于眼睛。笑，主要是由嘴部来完成的。嘴部是一个人比较显露的突出部位，它是生动的、多变的。笑是眼、眉、嘴和颜面的动作集合，它能够有效地表达人的内心感情。在人的各种笑颜中，微笑是最常见的、用途最广、损失最小而效益最大。

微笑的基本做法是不发声，脸部肌肉放松，嘴角两端向上略微提起，面含笑意，使人如沐春风。合乎礼仪的笑有六种，分别为：

含笑：不出声、不露齿。含笑适用范围较广。

微笑：嘴角向上略呈弧形，不露齿，是充实、满足、友好的笑，适用范围最广。

轻笑：嘴微张露齿，不出声，表示欣喜、愉快。

浅笑：属轻笑，笑时抿嘴呈害羞状，俗称抿嘴而笑。

大笑：嘴大张呈弧形，齿外露发出笑声，动作不多，见于开心时的尽情欢乐、高兴万分。

狂笑：程度最高的笑，张嘴，齿全外露并上下齿分开，笑声不断，笑得前仰后合、手舞足蹈，上下气不接并流泪，见于极度快乐、纵情大笑。

注意事项：声情并茂，表里如一，举止谈吐相辅相成，气质优雅，笑得适时尽情，发自内心的笑可非常自然地反映人的文化修养和精神追求，若笑时粗心大意，表现得粗俗放肆，会自毁个人形象。

禁忌：假笑、皮笑肉不笑、冷笑、媚笑、怯笑（害羞、怯场）、窃笑、狞笑（面容凶恶，愤怒的笑）。

（3）眉语　以眉毛的形状变化所显示的表情，叫作眉语。除配合眼神外，眉语往往独自表意。

皱眉：多表示困窘，或不赞成、不愉快。

耸眉：努力使眉峰上耸，多表恐惧、惊讶或欣喜。

竖眉：将眉角下拉，多表示气恼、愤怒。

挑眉：将单眉上挑，常用于表示询问。

（4）嘴巴显示的表情　除显示笑容外，嘴巴也可用以表示心理状态，它主要以嘴唇的闭合、嘴角的动向来体现。

张嘴：嘴巴大开，表示惊讶、恐惧。

咬嘴：咬紧嘴唇，表示自省或自嘲。

抿嘴：含着嘴唇，表示努力或坚持。

撅嘴：撅起嘴唇，表示生气或不满。

撇嘴：嘴角一撇，表示鄙夷或轻视。

努嘴：嘴巴朝向某方，表示怂恿或支持。

拉嘴：拉着嘴角，上拉表示倾听，下拉则表示不满或固执。

（5）下巴显示的表情　常见的以下巴显示的表情有以下六种：

收起下巴：多表示隐忍。

缩紧下巴：多表示驯服。

耷拉下巴：多表示困乏。

突出下巴：多表示攻击。

前伸下巴：多表示自大。

下巴指人：多表示骄横。

（6）鼻子显示的表情　常见的以鼻子显示的表情有以下五种：

挺鼻：多表示倔强或自大。

缩鼻：多表示拒绝或厌弃。

皱鼻：多表示好奇或吃惊。

抬鼻：多表示轻视或歧视。

摸鼻：多表示亲切或重视。

（7）耳朵显示的表情　常见的以耳朵显示的表情有以下四种：

侧耳：多表示关注。

耸耳：多表示吃惊。

捂耳：多表示拒绝。

摸耳：多表示亲密。

（8）综合表情

表示快乐：眼会睁大，嘴巴会张开，眉毛常向上扬。

表示兴奋：眼会睁大，眉毛上扬，嘴角微微上翘。

表示兴趣：嘴角上扬，鼻孔正常开合，眉毛上扬，眼睛轻轻一瞥。

表示爱慕：嘴角上扬，眉毛轻扬，瞳孔放大，瞥视对方时间较长。

表示敌意：嘴角拉平或向下，皱眉毛皱鼻，稍稍一瞥。

表示发怒：嘴角向两侧一拉，眉毛倒竖，眼睛大睁。

表示严肃：嘴角抿紧，眉毛拉平，眼睛多注视对方。

表示安静：嘴角、眉毛、鼻子皆取平位，平视。此即所谓“喜怒不形于色”。

3. 形体礼仪

形体礼仪，其基础是“形”。首先，从“形”的感觉开始，即体态感觉，以找到“提”“收”“松”“挺”的最佳形体感觉及精神状态，对形体气质加以强化；然后，针对“形”的状态加以调整，即体形训练，以对身体各个部位分别进行塑造、修饰，使错位、变形的身材得到改善；最后，对形体动作和表现加以约束，即展现礼仪美。

人们在社会的各种具体交往中，为了互相尊重，在身体姿态方面有一些约定俗成的规范，内容包括仪表、谈吐、举止、服饰、行为、形态等方面，用优美的体姿表达礼仪，比用语言更让受礼者感到真实、美好和生动。这些都是人际交往中的细节。教养体现于细节之中，细节展现素质，有时候正是这些细节决定了职场的成败。加强形体礼仪课程的建设，提高学生职场形象，可为提高学生的社会交往能力，进一步提升职场形象打好基础。

（1）站姿——站如松　站立是生活中最基本的一种举止。正确健美的站姿给人以挺拔笔直、舒展俊美、精力充沛、积极进取、充满自信的感觉。但是，站立时如果歪脖、斜腰、屈腿，尤其是撅臀、挺腹，就会让人觉得轻浮，没有规矩，不懂教养。

站姿的基本要求是“站如松”，基本要领是头正，双目平视、下颌微收，面带微笑，挺胸，收腹，立腰，双肩放松，双臂自然下垂，双手在背后交叉或体前交叉，双腿直立。

规范的站姿礼仪是：两脚跟相靠，脚尖开度为45°~60°，身体重心主要落于脚掌、脚弓上。两脚并拢立直，髋部上提。腹肌、臀大肌微收缩并向上挺，臀、腹部前后相夹，髋部两侧略向中间用力。脊椎、后背挺直，胸略向前上方挺起。两肩放松，气下沉，自然呼吸。两手臂放松，自然下垂于体侧，虎口向前，手指自然弯曲。脖颈挺直，头向上顶。下颌微收，双目平视前方。

保持标准站姿有三个关键点：一是髋部向上提，脚趾抓地；二是腹肌、臀肌保持一定的肌紧张，前后形成夹力；三是脖颈挺直、头向上顶，两肩向下沉。这三个部位的肌肉相互牵制，才能保持标准的站姿。

男士的基本站姿是：身体立直，挺胸抬头、下颌微收、双目平视、两膝并严，脚跟靠紧，脚掌分开呈“V”字形，挺髋立腰，吸腹收臀，双手置于身体两侧自然下垂。或者两腿分开，两脚平行，不能超过肩宽，双手在身后交叉，右手搭在左手上，贴在臀部。

女士站立时，双脚成“V”字形，膝和脚后跟尽量靠拢；或者一只脚略向前，一只脚略向后，前脚的脚后跟稍稍向后脚的脚背靠拢，后腿的膝盖向前腿靠拢。这些站姿是规范的，但要避免僵直硬化，肌肉不能太紧张，可以适宜地变换姿态，追求动感美。

站立时，不要躬腰驼背或挺肚后仰，也不要东倒西歪地将身体倚在其他物体上，两手不要插在裤袋里或叉在腰间，也不要抱臂于胸前。

（2）坐姿——坐如钟　坐姿的基本要求是“坐如钟”。入座时，应以轻盈和缓的步履从容自如地走到座位前，然后转身轻而稳地落座，并将右脚与左脚并排自然摆放。

坐定后，身体重心垂直向下，腰部挺起，上体保持正直，头部保持平稳，两眼平视，下颌微收，双掌自然地放在膝头或者座椅的扶手上。

男士的基本坐姿是：上体挺直，下颌微收，双目平视，两腿分开，不超肩宽，两脚平行，两手分别放在双膝上。

女士可以两腿并拢，两脚同时向左放或向右放，两手相叠后放在左腿或右腿上，也可以两腿并拢，两脚交叉，置于一侧。

女士入座时，若着裙装，应用手将裙稍微拢一下，不要等坐下后，再重新站起来整理衣裙。女士就座时，不可跷二郎腿，更不可将双腿叉开。男士可以交叠双腿，一般是右腿架在左腿上，但腿脚不能不停地晃动。

男士和女士在就座时，双手不要叉腰或交叉在胸前，不要摆弄手中的茶杯或将手中的东西不停地晃动，不要不时地拉衣服、整头发或抠鼻子、掏耳朵等。

（3）行姿——行如风

1）规范的行姿。行姿的基本要求是“行如风”，起步时，上身略向前倾，身体重心落在前脚掌上。行走时，双肩平稳，目光平视，下颌微收，面带微笑。手臂伸直放松，手指自然弯曲。摆动时，以肩关节为轴，上臂带动前臂，前后自然摆动，摆幅以30°～35°为宜。

步幅适当，一般应该是前脚的脚后跟与后脚的脚后跟相距一脚长。跨出的步子应是全脚掌着地，膝和脚腕不僵直，行走足迹在一条直线上。行步速度，一般是男士108～110步/min，女士118～120步/min。

行走时，男士不要左右晃肩。女士髋部不要左右摆动，着高跟鞋应注意保持身体平衡，以免摔跤。男女两人同行，女士步幅较小，男士步幅较大，男士应适当调整步幅，尽量与女士同步行走。

行走时，不要左顾右盼、左摇右摆、大甩手，也不要弯腰驼背、歪肩晃膀、步履蹒跚，不要双腿过于弯曲，走路不成直线，更不要走“内八字”或“外八字”。

2）变向行姿。变向行姿是指在行走中，需转身改变方向时，注意身体先转，头随后转，并同时向他人告别、祝愿、提醒、寒暄等时的行走姿态。

后退步：与人告别时，不能扭头就走。应先向后退三步，再转体离去。退步时要脚轻擦地面，不要高抬小腿，后退步幅要小。转体时要身先转，头稍后一些转。

引导步：引导步是用于走在前边给宾客带路的步态。引宾时，要尽量走在宾客的左侧前方，整个身体半转向宾客方向，左肩稍前，右肩稍后，保持两三步的距离。遇到上下楼梯、拐弯、进门时，要伸出左手示意提示客人先上等。

前行转身步：在前行中要拐弯时，要在距所转方向远侧的一脚落地后，立即以该脚掌为轴，转过全身，然后迈出另一脚。向左拐时，要右脚在前时转身，向右拐时，要左脚在前时转身。

3）不同着装的走姿。所穿服饰不同，步态应有所区别。一般来讲，直线条服装具有舒展、庄重、大方、矫健的特点，而以曲线条为主的服装则显得妩媚、柔美、优雅、飘逸。走姿要展现服装的特点。

穿西装的走姿：西服以直线为主，应当走出穿着者挺拔、优雅的风度。穿西装时，后背保持平正，走路的步幅可略大些，手臂放松伸直摆动，手势简洁大方。行走时男士不要晃动，女士不要左右摆髋。

穿裙装的走姿：穿着长裙能显出女性身材的修长和飘逸美。行走时要平稳，步幅可稍大些。转动时，要注意头和身体相协调，调整头、胸、髋三轴的角度。

穿着短裙，要表现轻盈、敏捷、活泼、洒脱的风度，步幅不宜过大，但脚步频率可以稍快些，保持轻快灵巧的风格。

穿高跟鞋的走姿：女士在正式社交场合经常穿着黑色高跟鞋，行走时要注意保持身体平衡。具体做法是：直膝立腰、收腹收臀、挺胸抬头。膝关节不要前曲，臀部不要向后撅。一定要把踝关节、膝关节、髋关节挺直，行走时步幅不宜过大。

（4）蹲姿　要拾取低处物品时不能只弯上身、翘臀部，而应采取正确的蹲姿。下蹲时两腿紧靠，左脚掌基本着地，小腿大致垂直于地面，右脚脚跟提起，脚尖着地，微微屈膝，调低身体重心，直下腰拾取物品。

注意事项：不要突然下蹲；不要离人过近；不要方位失当；不要毫无遮掩；不要蹲着休息；不随意滥用；等等。

在集体合影前排需要蹲下时，女士可采用交叉式蹲姿，下蹲时右脚在前，左脚在后，右小腿垂直于地面，全脚着地。左膝由后面伸向右侧，左脚跟抬起，脚掌着地。两腿靠紧，合力支撑身体。臀部向下，上身稍前倾。

4. 形体语言礼仪

人都借助示意动作，有效地进行交流。最普遍的示意动作，是从相互问候致意开始的。了解示意动作，可帮我们辨别什么是粗俗的，什么是得体的，使我们在遇到无声的交流时，更加善于观察，更加容易避免误解。

（1）握手　握手是一种常见的“见面礼”，貌似简单，却蕴涵着复杂的礼仪细节，承载着丰富的交际信息。比如：与成功者握手，表示祝贺；与失败者握手，表示理解；与同盟者握手，表示期待；与对立者握手，表示和解；与悲伤者握手，表示慰问；与欢送者握手，表示告别，等等。标准的握手姿势应该是平等式，即大方地伸出右手用手掌和手指用一点力握住对方的手掌。请注意：这个方法，男女是一样的！在中国，很多人以为与女性握手只能握其手指，这是错误的。

在社交场合，行握手礼时应注意以下几点：

1）上下级之间，上级伸手后，下级才能伸手相握。

2）长辈与晚辈之间，长辈伸出手后，晚辈才能伸手相握。

3）男女之间，女士伸出手后，男士才能伸手相握。

4）应该站着握手，不然两个人都坐着。如果你坐着，有人走来和你握手，你必须站起来。

5）握手的时间通常是3～5s。匆匆握一下就松手，是在敷衍；长久地握着不放，又未免让人尴尬。

6）别人伸手同你握手，而你不伸手，是一种不友好的行为。

7）握手时应该伸出右手，决不能伸出左手。

8）握手时不可以把另一只手放在口袋里。

（2）手势　手是人身体上活动幅度最大、运用操作最自如的部分。因此，人们在日常生活中时时处处忘不了它，事事处处离不开它，即使在社交场合也要尽情发挥它的功能。于是，五彩缤纷的手势语也就应运而生。手势语是人体语最重要的组成部分，是最重要的无声语言。它过去是、现在是、将来仍然是人们交往中不可或缺的工具。不同的国别或相异的民族，同一种手势语表达的意思可能大体相同或相近，也可能截然相反。

1）向上伸大拇指。这是中国人最常用的手势，表示夸奖和赞许，意味着“好”“妙”“了不起”“高明”“绝了”“最佳”“顶呱呱”“盖了帽了”“登峰造极”。

2）向下伸大拇指。有相当多的国家和地区都使用这一手势，但含义不尽相同。在中国，把大拇指向下，意味着“向下”“下面”。

3）大拇指和食指搭成圆圈。将大拇指和食指搭成一个圆圈，再伸直中指、无名指和小指。这一手势在美国和英国经常使用，相当于英语中的“OK”，一般用来征求对方意见或回答对方所征求的话，表示“同意”“赞扬”“允诺”“顺利”和“了不起”。在中国，这个手势表示数目“0”或“3”；在法国，表示“零”和“一钱不值”；在泰国，表示“没有问题”；在印度，表示“对”“正确”。

4）伸出食指和中指。在欧洲绝大多数国家，人们在日常交往中常常伸出右手的食指和中指，比划作“V”形表示“胜利”，“V”是英语单词 Victory（胜利）的第一个字母。在中国，“V”形手势表示数目“2”“第二”或“剪刀”。

5）中指和食指交叉相叠。在中国，中指和食指交叉相叠表示数目“10”和“加号”；在香港，这一手势则表示“关系密切”；在英国、美国、法国、墨西哥、新加坡、菲律宾、马来西亚，这一手势表示“祝愿”“祈祷幸运”。

6）屈伸手指。在拉丁美洲、英国、美国、意大利、西班牙、葡萄牙、突尼斯以及亚洲、非洲部分地区，人们伸出下臂，稍微抬起，手心向上屈伸手指，表示“让人走过来”。但这一手势在中国是用作招呼动物或幼儿的。中国人招呼人的手势是：将手臂前伸，手心向下，摆动所有手指。然而这一手势在英美等国是招呼动物的。

7）摆手。在欧洲，人们见面时习惯用“摆摆手”来打招呼。其具体做法是：向前伸出胳膊，手心向外，但胳膊不动，只是用手指上下摆动。如果欧洲人前后摆动整只手，则表示“不”“不对”“不同意”或“没有”。但是美国人打招呼时总是摆整只手。

（3）招呼他人

1）横摆式：手臂向外侧横向摆动，指尖指向被引导或指示的方向，适用于指示方向。

2）直臂式：手臂向外侧横向摆动，指尖指向前方，手臂抬至肩高，适用于指示物品所在。

3）曲臂式：手臂弯曲，由体侧向体前摆动，手臂高度在胸以下，适用于请人进门。

4）斜臂式：手臂由上向下斜伸摆动，适用于请人入座。

5）招手：向近距离的人打招呼时，伸出右手，五指自然并拢，抬起小臂挥一挥即可。

5. 汽车销售顾问接待礼仪

在汽车销售过程中，销售顾问的接待礼仪是销售过程中很重要的一部分，它不仅关系到汽车的销售，并直接影响到销售顾问的形象、经销商的形象，乃至于所代理的汽车品牌的形象。

（1）汽车销售顾问热情迎接顾客进门　由销售顾问专门负责迎接，即使销售顾问碰到再伤心、再生气的事情，只要来到销售现场，都必须面带微笑、语气温和；否则，销售顾问干脆不要来上班，以免影响自我及公司的形象。

在看到顾客走向公司时，销售顾问应主动帮忙拉开公司的大门，面带微笑，并致欢迎词：“您好，欢迎光临！”其次，致欢迎词的目的除了礼貌迎接顾客外，还可起到提醒其他销售顾问的作用；如果顾客在门外观望，可主动打招呼：“您好，请进！”如果是雨雪天气，销售顾问还应帮助顾客收拾雨具、放置衣帽等。

走进设在全世界任何一处的奥迪销售店，在前3min内一定会有销售顾问提供顾客喜欢的饮料。在中国的奥迪销售店一般是提供袋泡茶；在咖啡流行的国家，如澳大利亚，肯定会有销售顾问提供咖啡；在美国，奥迪销售店免费提供可乐。这些行为其实都是在告知顾客，您是受欢迎的，如同到了家一样。

（2）汽车销售顾问做好自我介绍　销售顾问每一次的自我介绍是否标准，是否给对方留下深刻的印象，说自己的名字时是否会解释名字的涵义，这些都能体现销售顾问的素质。大多数销售顾问就是简单地递名片，他们认为，顾客看了名片后就会记住他们，但这种可能性是不大的。

作为一名追求卓越业绩的汽车销售顾问，要对自己的名字开发出新的介绍方法。自我介绍的方式也体现了销售顾问的经验、专业性以及销售顾问替顾客考虑的程度。

（3）汽车销售顾问全程微笑　在销售接待礼仪中，微笑有着非常重要的作用。微笑是处理好人际关系的一种重要手段，面对不同场合、不同情况，如果你能用微笑来接纳对方、以诚相待，可以反映出你良好的职业素质和修养。

微笑是营造融洽的交往氛围的有效手段，微笑所表现出的温馨、亲切的情感，能有效地缩短双方的距离，给对方留下美好的心理感受，从而形成融洽的交往氛围。

但微笑如果不得当，也能引起相反的结果。如微笑表达过度时会使人感到生硬、虚伪，笑不由衷。微笑表达不充分时会使人感到过于冷淡，如当顾客走近你时，你面部毫无表情，没有一丝笑容，又如当顾客走近你时，你在笑，但笑得非常勉强、非常不自然，是那种“皮笑肉不笑”的笑。

三、训练我们的职业语言

职业口语语言礼仪的基本要求是语音标准、声音清晰、语调亲切、语速适中、音量以令对方能听清楚为宜；语言要准确、简洁、迅速、礼貌。由于职业活动的特点、工作场所、工作对象的不同，各种职业的口语语言礼仪既有共性，也有其个性。

1. 常用的礼貌用语

俗话说：“良言一句三冬暖，恶语伤人六月寒。”礼貌用语就属于良言之列。礼貌用语在公关活动中起着非常重要的作用。

礼貌、礼仪是人们在频繁的交往中彼此表示尊重与友好的行为规范。而礼貌用语则是尊重他人的具体表现，是友好关系的敲门砖。所以我们在日常生活中，尤其在社交场合中，恰当使用礼貌用语十分重要。多说客气话不仅表示对别人的尊重，而且表明自己有修养；所以多用礼貌用语，不仅有利于营造融洽氛围，而且有益于交际。

（1）称呼语　正确地称呼对方是交往与合作的前提。在工作场合中正式的称呼有三种：称呼行政职务、技术职称或泛尊称。泛尊称是指男性可统称为“先生”，女性可统称为“女士”。也可以根据婚姻状况称未婚女性为“小姐”，称已婚女性为“夫人”或“太太”。依照惯例，以上称呼可以和姓名一起使用。如：“李董事长”“常××教授”“修××女士”。

没有称呼、称呼错误或用“喂”来称呼别人都会使对方不快。除此之外，工作场合要避免使用“兄弟”“哥们”这样的俗称，“小不点”“胖子”“瘦猴”这样的蔑称，“伙计”“师傅”这样的地域称呼。

（2）生活礼貌用语

1）礼貌用语十个字：“您好”“请”“对不起”“谢谢”“再见”。

2）见面语：“早上好”“下午好”“晚上好”“您好”“很高兴认识您”“请多指教”“请多关照”等。

3）感谢语：“谢谢”“劳驾了”“让您费心了”“实在过意不去”“拜托了”“麻烦您”“感谢您的帮助”等。

4）打扰对方或向对方致歉：“对不起”“请原谅”“很抱歉”“请稍等”“请多包涵”等。

5）接受对方致谢致歉时：“别客气”“不用谢”“没关系”“请不要放在心上”等。

6）告别语：“再见”“欢迎再来”“祝您一路顺风”“请再来”等。

7）忌用语：“喂”“不知道”“笨蛋”“你不懂”“你能死了”“狗屁不通”“猪脑袋”等。

（3）工作礼貌用语

接听电话用语：

① 您好！这里是×××单位×××室，请问您找谁？

② 我就是，请问您是哪位？……请讲。

③ 请问您有什么事？

④ 您放心，我会尽力做好这件事。

⑤ 不用谢，这是我们应该做的。

⑥ ×××不在，我可以替您转告吗？（请您稍后再来电话好吗？）

⑦ 对不起，这项业务请您向×××室咨询，他们的电话号码是……（×××不是这个电话号码，他（她）的电话号码是……）

⑧ 您打错号码了，我是×××单位×××室，……没关系。

⑨ 再见！

打电话用语：

① 您好！请问您是×××单位×××室吗？

② 我是×××单位×××室×××，请问怎样称呼您？

③ 请帮我找×××好吗？

④ 对不起，我打错电话了。

接待来客用语：

① 请进！

② 您好！请问您是……？

③ 请问您找谁？

④ 他（她）不在，请问有事需要转告吗？

⑤ ×××单位（或×××）在×楼，我带您去（或指明地点）。

⑥ 对不起，让您久等了。
⑦ 请坐（请喝茶）。
⑧ 我就是，请问有事需要办理吗？
⑨ 请稍等，我马上为您尽快办理。
⑩ 不用谢，请慢走！

到单位办事用语：
① 对不起，打扰您一下。
② 请问 × × ×在吗？
③ 非常感谢您。（麻烦您了）
④ 请留步。

（4）服务礼貌用语

1）礼貌的基本要求：说话要尊称，态度平稳；说话要文雅、简练、明确；说话要婉转热情；说话要讲究语言艺术，力求语言优美、婉转悦耳；与宾客讲话要注意举止表情。具体要求如下：

三轻：走路轻，说话轻，操作轻。

三不计较：不计较宾客不美的语言；不计较宾客急躁的态度；不计较个别宾客无理的要求。

四勤：嘴勤、眼勤、腿勤、手勤（脑勤）。

四不讲：不讲粗话，不讲脏话，不讲讽刺话，不讲与服务无关的话。

五声：客来有迎声，客问有答声，工作失误道歉声，受到帮助致谢声，客人走时有送声。

六种礼貌用语：问候用语，征求用语，致歉用语，致谢用语，尊称用语，道别用语。

文明礼貌用语十一字：“请”“您”“您好”“谢谢”“对不起”“再见”。

2）四种服务忌语：蔑视语、否定语、顶撞语、烦躁语。

3）敬语服务的基本要求：语言语调悦耳清晰；语言内容准确充实；语气诚恳亲切；讲好普通话；语言表达恰到好处。

基本用语：

①“欢迎”“欢迎您”“您好”，用于客人来时迎宾人员使用。

②“谢谢”“谢谢您”，用于客人为工作人员的工作带来方便时，本着感谢的态度说。

③“请您稍候”或“请您稍等一下”，用于不能立刻为客人提供服务，本着认真负责的态度说。

④“请您稍候”或“请您稍等一下”，用于因打扰客人或给客人带来不便，本着歉意的态度说。

⑤“让您久等了”，用于等候的客人，本着热情和表示歉意的态度说。

⑥“对不起”或“实在对不起”，用于因打扰客人或给客人带来不便，本着真诚而有礼貌的态度说。

⑦“再见”“您慢走”“欢迎下次光临”，用于客人离开时，本着热情而真诚的态度说。

2. 汽车专业礼貌用语要求

汽车专业礼貌用语要求：要有礼貌，要能够使用简练的语言准确地表述汽车的故障、发生故障的原因和解决的办法。寥寥数语就让人感到你是一位有素养、工作经验丰富、技术娴熟、办事干练、自信果断、值得信赖的汽车专业人员。对于从事汽车专业技术工作的职业人而言，口语语言一定要科学规范、严谨精练，并具有较强的逻辑性：数字要精确，汽车专业语言要准确，使用汽车技术术语要恰当。语言要清亮干脆，要结合工作环境调整音量以方便对方听清楚。语速要适中、语调舒缓自然、语气肯定、举止自然大方。让客户感受到你有诚恳、稳重、专注、敬业的工作态度。

（1）汽车销售顾问用语

1）上班期间必须穿着公司规定的工作服，胸卡佩戴端正，在工作时不准做与工作无关的任何事情。

2）与顾客交谈时，站姿端正，举止文雅大方，语言与手势配合得体，解释到位。

3）认真听取用户的提问，尽量用专业、简洁的语言耐心为用户解答清楚。

4）对于潜在用户，应使用卡片形式及时准确记录其相关信息及所需车型信息，定期与用户沟通。

5）在与客户的交谈过程中，保持和缓、热情、充满自信的语气是非常重要的，你必须精神饱满地全天以此种语气面对你的客户，抑扬顿挫的表达方式会增加你所表达内容的说服力。

6）声音洪亮：销售顾问一定要注意自己的声音不要大小，切不可声音太小让人听不清楚。

7）避免口头禅：每个地方都有方言，每种方言都有自己的口头禅，应尽量避免使用口头禅。

8）避免语速过慢：表达时要掌握好语速，语速过快，别人听不清楚；语速过慢，则会让人厌烦。

9）避免发音出错。

10）对于每天都要面对不同客户的销售顾问来说，有时候客户留意其身体动作要多于聆听其长篇大论，因为体态语言更能直接、真实地反映人的内心想法。体态语言与口头语言一致能增强说服力与感染力，相反，则可能功亏一篑。

有一些基本的体态是可以通过不断训练来形成习惯的：

1）在交谈中，让客户充分表达他们的看法和意见，善于聆听客户的发言，会帮助你了解更多的信息，亦有助于建立与客户的相互信任。

2）在交谈中，避免流露出对自己的雇主、公司或朋友的不敬或不满，这种谈论对你形象所造成的伤害，是不可估计的，也是巨大的，没有人喜欢以议论他人为乐的人。

3）在交谈中，以轻松自如的心态进行表达，过于紧张会减少你所提的建议或策略性意见的分量，同时也会削弱你的说服力。

（2）汽车服务顾问用语

1）工作期间必须穿着公司指定的工作服，胸卡佩戴端正，仪表整洁。

2）工作时不准带有个人情绪，不准当着用户的面互相开玩笑，或做与工作无关的任何事。

3）接待用户时要有较强的服务意识。在用户距服务台 2m 时，要主动向用户问候“您好”；当正在接待用户，另有用户走到服务台前时，也必须向刚走来的用户问候“您好”，并请用户稍等。向用户问好要热情，认真听取用户的叙述，并记录用户要求。

4）服务顾问要根据用户叙述或现场检查，用专业、简洁的语言为用户描述故障现象，解释故障原因，制订合理的维修方案，估算维修费用、交车时间。

5）服务顾问制作任务委托书要快速、准确。任务委托书的使用既能减少用户的等待时间，又能对维修技工起到指导作用。持任务委托书引导客户进入车间指定工位，安排好车辆，能用语言向维修技工准确讲述故障现象及判断结果，强调对客户的承诺及客户的需求。

如今，各个汽车厂家都越来越重视服务品牌建设，4S 店的服务顾问作为售后服务与客户直接接触的第一个环节，其工作的每个细节都决定着服务站能否在第一时间内赢得客户的好感，并直接关系到厂家自身服务品牌形象。

常言道“眼睛是心灵的窗户”，服务顾问在与客户交谈时首先要做到的就是面带微笑、直视客户，一个简单的微笑不仅可以拉近和客户之间的距离，而且能够赢得客户的信任。一名优秀的服务顾问不仅要有过硬的专业知识，严格遵守各种规章制度的要求，更应该把服务做精、做细、做彻底，要把客户的需求看在眼里，变被动服务为主动服务，变滞后服务为超前服务，变优质服务为人性服务，充分满足客户的多元需求。

服务顾问在言语措辞上应非常讲究，要使用规范性的话语，用词礼貌，声音亲切，语调谦恭。把客户当成是自己的朋友一样关心，客户离开时多一句嘱咐，逢年过节多一句问候，虽然只是些小事，却能使客户真切感受到关怀。

3. 汽车服务电话通信用语

电话是现代人公认的便利通信工具，在汽车职业活动中，使用电话通信用语是很关键的，它直接影响着一个企业的形象和声誉。

电话通信用语和口语语言有着根本的区别，口语语言是面对面完成信息交流，而电话通信完全是靠声音来传递信息。通过电话通信人们也能基本上判断对方的人品、性格、职业语言特点、面部表情、精神状态、形体姿态等，所以电话通信礼仪被称为“看不见的礼仪”。不同的职业角色，无论是接听电话还是打电话均需要掌握电话语言、通话表情、形体姿态等通信礼仪，但因职业角色的不同，对礼仪表现要求的程度也是不同的。在汽车礼仪活动中，具体要求如下：

1）在给客户拨打电话时，应含笑拨打电话、礼貌问好和告别。虽然客户看不到你，但通过你准确、简洁、迅速、礼貌的汽车职业口语语言，能感受到你诚恳、稳重、敬业的工作态度，从而对你产生良好的印象。由此可见，电话通信礼仪在汽车职业活动中的重要性。

2）在正常的情况下，一次打电话的全部时间，应当不超过 3min。除非有重要问题必须字斟句酌地反复解释、强调，一般在通话时都要有意识地简化内容，尽量简明扼要。在通话时，切忌没话找话、不谈正题、东拉西扯，更不要在电话里跟别人玩“捉迷藏”，说诸如“你猜猜我是谁”“你知道我在哪儿吗”“想知道我在干什么吗”“不想问一问还有谁跟我在一起吗”等之类的话。为了节省通话时间，不但通话时要长话短说，而且在拨电话时，也要少出或不出差错。需要总机接转时，应主动告知分机号码，不要等人家询问。若不知分机号码，则应提供受话人的部门和姓名。若对此不清楚，则最好不要去麻烦话务员。

3）电话铃响了，要及时去接，不要怠慢，更不可接了电话就说“请稍等”，撂下电话半天不理人家。如果确实很忙，可表示歉意，说：“对不起，请过 10min 再打过来，好吗？”

在正式的服务交往中，对接电话时拿起话筒所讲的第一句话，也有一定的要求，常见的有以下三种形式：

① 问候语加上单位、部门的名称以及个人的姓名。这种形式最为正式。例如，“您好！我是大众××××4S店的李明。请讲。”

② 问候语加上单位、部门的名称，或是问候语加上部门名称。它适用于一般场合。例如，“您好！大众××××4S店。请讲。”或者：“您好！办公室。请讲。”后一种形式主要适用于由总机接转的电话。

③ 问候语直接加上本人姓名。它仅适用于普通的人际交往。例如，“您好！余文。请讲。”需要注意的是，在商务交往中，不允许接电话时以“喂，喂”或者“你找谁呀”作为“见面礼”。特别是不允许一张嘴就毫不客气地查对方的“户口”，一个劲儿地问对方“你是谁”或“有什么事儿呀”。自报家门是一个与人方便、与己方便，且节约时间、提高效率的好方式。

④ 接电话时应当认真听对方说话，而且不时有所表示，如“是”“对”“好”“请讲”“不客气”“我听着呢”“我明白了”等，或用语气词“唔”“嗯”“嗨”等，让对方感到你是在认真听。漫不经心、答非所问，或者一边听一边同身边的人谈话，都是对对方的不尊重。

⑤ 要认真清楚地做记录。在电话中传达有关事宜，应重复要点，对于号码、数字、日期、时间等，应再次确认，以免出错。

4. 手机短信

在当今社会，手机短信以其方便、快捷的特点成为人们联络感情、交流情报、沟通信息的重要手段，越来越被人们广泛使用。

（1）手机短信的使用条件　用手机收发短信是人们常用的交流方式，在汽车职场中使用短信主要用于客户联系、节假日问候、日常交流、感情沟通、预约服务，同时还可以用于预约电话和见面，和身份高或者重要的人通话前，应该先短信预约一下，看是否方便通话或见面。因为对方可能很忙，可以先发一个短信，如“有事找您，给您打电话方便吗？”如果对方没有回复，就要等一会儿再联络。短信还可以用来相互提醒。对于和客户预约好的事情，担心客户忘记可以采用短信的形式予以提示，而不宜直接打电话提醒，因为打电话恐有不信任对方之嫌。手机短信作为书面语言运用的一种，沟通方式比较随意、轻松，一般不用作重要事情的沟通。

（2）使用手机短信时的注意事项

1）收到手机短信时要及时回复。及时回复短信是对发短信者的礼貌行为，尤其是领导、老师、长辈的短信一定要及早回复，以示尊重和重视。

2）手机短信提示音不要妨碍他人。在开会或公共场所，或者和客户交谈时要将短信的提示音调成静音或振动状态。

3）短信是用来沟通交流的。不要在自己无聊或情绪不好时不顾客户的感受乱发短信。同时在发短信时不要妨碍客户休息，尤其是夜晚或凌晨，非紧急情况不要发短信。

4）在与客户交谈时不收发短信、查看短信。一边和客户交谈，一边查看手机短信是不礼貌的。

5）如果手机不能带在身边，要将重要信息或敏感信息及时加密，防止外泄造成不良后果。

6）祝福的短信尽量自己编写，对重要的人要单独发，不要采用群发的形式。书写时一定要输入对方的名字（或对方的职务），以示对收信方的尊重。对方在短信中看到自己的名字或自己的单独称呼时，知道短信是单独给自己发送的，会很重视这份祝福。

5. 微信邀约

微信是一种更快速的即时通信工具，具有零资费、跨平台沟通、显示实时输入状态等功能，与传统的短信沟通方式相比，更灵活、智能，且节省资费。

四、训练我们的职业能力

在工作上，沟通是人与人相互之间传递、交流各种信息、观念、思想、感情，以建立和巩固人际关系的重要方式；是社会组织之间相互交换信息以维持组织正常运行的过程。协调是管理人员在其职责范围内或在领导的授权下，调整和改善组织之间、工作之间、人与人之间的关系，促使各种活动趋向同步化与和谐化，以实现共同目标的过程。

沟通与协调是一个普遍的客观存在，是一个问题的两个方面。沟通是协调的条件和手段，协调则是沟通的目的和结果，两者相辅相成。

沟通、协调是提高工作效率的保证，效率是沟通、协调的结果。沟通、协调是个人事业成功的基础。一个人的事业成功，要靠集体的力量，没有他人的帮助，仅靠个人是很难成功的，要想事业成功，必须善于沟通、协调。

1. 注意场合，选择时机，事半功倍

与领导沟通，要注意场所、选择时机。同时，还要注重方法的变通，方法正确才能减弱或者消除对方的戒备心理。要根据领导不同的情绪状态和个性而采取适当的沟通方法，因人因事因地而用：一是直接指出问题所在，表达自己的态度和观点；二是旁敲侧击，暗示对方；三是转移注意力，在谈笑之中让对方明白你的意思。

2. 坦诚相待，冷静谦和，切忌急躁

在工作中，下属要赢得领导的肯定和支持，很重要的一点是要让领导感受到你的坦诚谦虚。工作中的事情不要对领导保密或隐瞒，要以开放而坦率的态度与领导交往，这样领导才觉得你可以信赖，他才能以一种真心交流的态度与你相处。作为领导，应该降低自己的姿态，真诚谦虚，不要以先知者和必胜者的心理自居，不要老是一副严厉的面孔，要用一种朋友间沟通的平等心态去和下属沟通。

3. 了解内心，发挥人缘和情感作用

不管是领导者还是被领导者，他首先是一个人，作为一个人，他有他的性格、爱好，也有他的作风和习惯。对对方有个清楚的了解，是为了运用心理学规律与对方进行沟通，以便更好地处理上下级关系，做好工作。人性中有一种最深切的秉性，就是被人尊重的渴望。与人交往时要永远记住，人都希望得到别人的肯定、赞扬。你要找出领导的优点和长处，在适当的时候给别人诚实而真挚的赞美。

4. 主动沟通，加强互动，合理处理下属的合理需求

正式场合的交流了解的更多的是下属的工作情况，要想对其有更多了解就要多安排非正式的沟通机会：闲聊、联欢会、内部活动等互动活动。与人沟通是一门艺术，在沟通的过程中，应注意做到以下几点：要知晓别人的优点和长处；与人交谈时，微笑是最好的语言，倾听胜过长篇大论；别探听别人的私事，无意中知道了，也要放在心里当成秘密；坦然承认别人指出的自己的不足，这样，他们只会更尊重你而不是轻视你；当朋友悲伤失意时，一定要靠近一些，而当朋友高兴得意时，不妨稍微离开一点；与人同行，不要走得太快，不要离得太近，给别人一些进退的空间。建立直接上报的渠道，开辟表达需求的空间，应该让下属看到你的办事效率，增强下属的信任，在做出分析后，要尽快满足下属的合理需求。

5. 均衡关系，着重劝慰，团结为上

与上级沟通的意义在于工作上能得到正常的支持，遇到困难能得到帮助，个人价值能得到上级的肯定，只有相互支持和良好合作才利于搞好工作，至少不能让上级整治下级；与下级沟通的意义在于有利于调动下级的工作积极性、主动性、创造性，提高其工作能力，还有利于增强凝聚力，实现组织系统的最佳效能。

与上级沟通、协调时，应该服从而不盲从，尊重而不奉迎，以大局为重不计个人得失，尽职做好本职工作而不越位。与下级沟通协调时，应该以人为本、做好服务，要注意拉大能力距离而缩小感情距离，大事要讲原则，小事要讲风格。

正职与副职沟通、协调时，应该授权、放权、不越权，支持、依靠、不撒手，关心、揽过、不诿过。正确对待领导、下属和自己。副职上有领导下有员工，更需要正确地对待领导、下属和自己。我们需要“敬以向上”“宽以对下”“严于律己”。“敬以向上”要求我们尊敬自己的领导，但不是阿谀奉承、溜须拍马；“宽以对下”要求我们对自己的下属宽容，但不是听之任之、放任自流；“严于律己”要求我们对自己严格要求，但不是只讲奉献不要回报。

【课后练习题】

1. 解读以下案例，简述造成这种结果的原因。

孟飞从高职毕业后成为一名业务员。最初的时候，他的销售技能和业务关系都非常好，因此他的业绩在全公司里是最好的。取得成绩以后，他开始对别人指手画脚，尤其是对那些客户服务人员。本来这些客户服务人员非常支持小孟的工作，只要是他的客户打来的电话，客服就会马上进行售后服务。但是由于小孟动辄说“我给你们的饭碗，没有我你们都要饿死”，要不然就说这些客服人员服务不好，他的客户向他投诉等。客服人员对他说的话置之不理，但是却通过行动与他对抗。后来，凡是小孟的客户打来的电话，客户服务人员都一拖再拖。最后，这些客户打电话给小孟，并把怒火发到他的身上。由于后续服务不到位，小孟的续单率非常低，原来的客户也都让其他业务员抢走了。

2. 假设你是一名助理，今天是周四，领导刚刚告诉你，让你帮他订一张周日飞往上海的机票，可是你发现周日的机票全部卖完了，你该怎么办？此时，你还有三个邮件要发，下午还有一个会议要参加。

第五章

CHAPTER 5

必须知道的应聘面试技巧

【引　言】

同学们已经知道汽车专业人才培养方案的内容了，但想找到满意的工作，就要通过面试这关。

在市场经济的大潮中，要想找到一份称心如意的工作，往往要通过求职面试这一道关口。不管竞争多么激烈，也不管你本人是否乐意去面试，你都必须尽力而为，因为这是求职成功极为重要的途径。

【学习目标】

1. 知道怎样进行面试前的心理准备。
2. 学会撰写求职简历。
3. 掌握投递简历的技巧。
4. 知道怎样做好应聘前的准备工作。
5. 掌握面试的方法和技巧。

【任务描述】

李国庆在汽车职业学校学习了3年，马上就要毕业了，怀着对未来美好的期待，即将走上一个新的工作岗位，去实现自己的人生梦想和目标。在到企业面试前李国庆想知道如何撰写求职简历、怎样进行面试？

一、面试前的心理准备

如何才能找到满意的工作，如何才能顺利通过面试的第一关？这是很多求职者都必须面临的问题。求职前的准备与求职面试技巧则显得非常重要。

“知己知彼，百战不殆。”面试之前，一定要广泛收集各方面的资料与信息。有了充分的资料准备，即便“临场发挥”也是相当精彩和出色的。

能否在求职面试前或面试过程中克服不良心态，是面试能否成功的重要因素。下面几种应试心态往往会导致求职的失败。

1. 自视甚高的心态

这种求职者常对自己估计过高，自认为学历、能力，甚至长相都不错，肯定人见人爱，自然顺利通过。但是，一旦坐在聘用单位诸考官面前，听到他们的一连串提问、追问、反问，就一下子慌了起来。特别是谈及个人的业务专长时，自以为了不起的神态往往让人反感，而触及个人的弱点时，如遮遮掩掩、吞吞吐吐，这会让对方感到其为人不够成熟，很难担起重任。用人单位对这种自视甚高的应聘者，往往不买账。

2. 无所谓的心态

这类求职者把面试当成一个“撞大运”的机会，行不行，走着瞧，也许大家一下子看中我了呢，也许某个单位正缺我这号人呢。于是在面试时，表现出一种大大咧咧、满不在乎的神态，回答任何问题都不够正经、迷离马虎，既不认真推销自己，把个人的优势讲全、讲透，也不认真了解对方，好让自己适应对方的需求。这种无所谓、碰运气的侥幸心态，很难使应聘获得成功。

3. 自惭形秽的心态

这类求职者还没有“上战场”就感到自己不行，害怕得不得了。特别是在多人面试场合，看到别人学历、能力比自己高，自己的心理就一下子垮了下来，等叫到自己面试时，只见手发抖、心发慌、头发胀，心想：我完了……这就是我们所说的“面试恐惧症”。怎样克服这种恐惧症呢？一是正视自己的缺点，一分为二地看待自己；二是选择用人单位，大胆推销自己。

以上讲了很多不良心态，而求职者一旦具备了良好心态，就会在面试时精神饱满、意气风发、充满自信，讲起话来语意肯定、语气恳切、侃侃而谈，从而为成功应聘打下良好的基础。

有积极进取心态的求职者，总是把每个面试机会看成是千载难逢的好机遇，感觉成功在向自己招手。去求职应聘、参加面试，命运不是掌握在对方手里，而是在自己手上。的确，从用人单位的角度来看，你是在接受审查，看你的条件是否符合招聘的要求。不过，换个角度来看，那家用人单位和考官同时也在被你审查，看看他们给的条件能不能吸引你。这是一种双向选择，你考察我，我考察你——有了这种心态，你在精神上就占了上风（但不可趾高气扬），以沉着、稳健的气势面对主考官那一连串的问题，自然能表现出一种不卑不亢的态度。

面试时如果有了不怕挫折、不怕失败、输得起的心态，就会大大增强面试的信心，能够理直气壮地介绍自己，就是遇到比自己强的竞争者，也不会自惭形秽，而是抱着一种“一山还比一山高”“我也要成为他那样的人”的积极心态来对待。总之，经不起挫折、输不起的人才是真正的失败者。一个人如果拥有这种输得起的思想准备，就会一试再试，直到找到称心的工作。

二、求职简历的撰写

1. 制作求职简历的基本要求

（1）基本信息　第一项工作就是要明确告诉招聘单位“你是谁”，个人基本信息这部分的内容应包括姓名、性别、籍贯、联系方式等项目。尤其在履历表中一定要附上详细的联络方式，包括电话、地址、传真、E-mail 等资料，用人单位才能在最短的时间内联络到你。

（2）自我评价　在写自我评价的时候首要的是真实，一定要从客观实际出发，把自己的工作和生活经历做一个客观评价；其次自我评价要富于真情，写出自己的独到之处、特长及性格特点，这有助于求职成功。

（3）工作经验　工作经验是简历中较为核心的部分，应从最近的工作记录开始，逐渐往前写，并保持每份记录的独立性，包括本人在职时间以及担任职务及具体的工作职责。

在保证真实性的前提下，尽量扩充与丰富工作经历，但用词必须简练。工作经历应注重业绩，用词应简单明了，注意细节，尽量用数字、百分比和时间等对描述加以量化。因为人们更习惯于用数字说话，“非常出色”“做出很大的贡献”这些用词都是不合适的。最好能够改成“我完成了多少销售业绩，联系了多少家公司”，如果数字过于敏感不适宜表达，可以用百分比，或者用企业的表彰来表现。

（4）教育经历　教育经历常常是企业比较感兴趣的一点，因为受教育的背景往往和新岗位有着密切的联系，因此在介绍教育经历时要涵盖受教育时间、学校和专业。如果刚毕业，没有工作经验，那么要尽量用教育背景吸引雇主的眼球；如果对于想应聘的工作岗位并无工作经验，就要尽量展示与该领域相关的学位或辅修的课程。

（5）培训经历、语言能力、IT 技能、获得证书　最后一部分要突出培训经历、语言能力、IT 技能、获得证书等，以加深企业对个人专业素质的印象。因为在职进修、培训经历，是否获得相关职业资格证书可以从另一个侧面来证明应聘者具备胜任该岗位所需要的特质、能力或经验。

2. 制作简历

简历制作是求职过程中的第一步，也是相当关键的一步。用人单位往往通过简历上的信息，对应聘者进行初步的资格筛选。求职者最终能否获得面试机会，简历起着至关重要的作用。那么在撰写个人简历时应运用哪些技巧，怎样才能吸引用人单位的眼球，增加面试的机会呢？成功的简历应具备以下几点：

1）简历的版面必须有条理、一目了然。因为招聘单位喜欢结构清晰、一眼就能找到相应信息的简历。而在描述个人信息时，必须像写议论文一样用数字与事实来说话。尤其是“自我介绍”这个环节，要通过实例来说明自己的优点，而不是一味进行“有责任感、组织能力强”这种空泛的表述。

2）为了吸引招聘者的眼球，求职者还必须在简历中展示出自己与众不同的亮点，即使它与应聘的职位没有直接联系，但这往往能体现出求职者的可转移能力。

3）在制作简历时，求职者还必须对简历进行客户化，也就是说简历必须有针对性，要针对每一个公司和职位制作不同的简历。在简历中重点列举与所申请公司及职位相关的信息，弱化甚至删除对方可能并不重视的内容。应把符合招聘启事中明确列出的职位具体要求的信息点放在黄金位置（一般在 A4 纸的上 1/3 处）。在编排信息点时，要进行逻辑分类，从而体现出求职者的逻辑思维能力。

4）简历的语言表达必须做到简练，一页为好。在完成简历之后，一定要找至少 5 个人让他们圈出不明白的信息和感兴趣的信息，对简历再次润色，逐步完善自己的简历。

5）简历要层次分明，每一段落的标题可加粗。倘若写有一手好字，建议用钢笔而非打印稿。此外，还可附上自己的近照，可清晰地复印在应聘书首页右上角，但忌用艺术照。

古代兵法有云："知己知彼，百战不殆。"求职应聘也一样。所谓知己，就是要对自己有充分的认识，包括自己的优点、自己的缺点，自己不同于别人的特点，应聘这个岗位自己所具备的优势。一个人只有对自己充分了解，才能真正展示最好的一面给考官。

在对自己分析透彻后，可以根据常见的问题做些有针对性的准备。如"请讲讲你大学时代最成功或最得意的一件事"是经常问的一个问题。针对这个问题，你可以建立个人成功案例资料库。自我介绍是必不可少的环节，准备好一段说辞，熟悉到中英文都能流利表达。

当简历制作完成后，下一步就是投简历。那么，如何才能把简历顺利提交到招聘人员的面前呢？这个小小的细节在求职过程中也充满了学问。写电子邮件简历时，一般建议使用中文，即使很多外企使用英文作为招聘语言，但是阅读求职电子邮件的往往是中国人，使用汉语更加方便。但是，如果你申请的是一些相对高级的职位，对方的招聘启事完全是英文的，则尽量使用英文写电子邮件。发送简历时，最好直接将简历粘贴在正文中（粘贴后要重新排版），不要以附件的形式发送（除非公司要求）。

电子邮件中的"subject"千万不能空白，必须写上自己的姓名以及应聘职位。同时还要写下有针对性的附言，说明你符合招聘人员最基本的几点要求。在结尾，可以适当写上祝"工作愉快""心想事成"等祝福话语。另外，还要注意的是，招聘启事上通常都要求"学历证、学位证、身份证复印件，小一寸相片"，原则上只需发电子邮件简历和照片即可，并在简历上注明"为防止您下载过慢，本人将在面试时携带'三证'以供查验，谢谢!"应聘单位会更喜欢这种做法。此外，除了电子邮件简历外，假如求职者对某职位非常感兴趣，还可以选择邮寄甚至亲递简历，成功率可能会更高。因为设计精美的打印简历更容易给招聘人员留下好印象，而且会减少信件遗失的可能性。

3. 应届生如何准备出色的简历

对于那些即将走向工作岗位的职场新人，尤其是没有确定就业单位的人来说，毕业季是一段艰难的日子。精心准备的简历，发送给意向公司，却难得有回信。或者准备了一叠厚厚的简历，大热天挤到人才市场，却发现对方都是需要有工作经验的人。应届生找工作怎么这么难呀？

职业规划机构接到很多职场新人的求助，他们有些是刚毕业没找到就业单位，在网上发简历一直没有回音，不能获得面试机会，对前途充满困惑的人；有些是已经找到就业单位，但对目前职位不喜欢，工作状态很差的人。造成这种状况的原因是因为他们缺乏准确的职业定位，没有一份职业化的简历几乎是他们的一个通病，所以，在这里提几条建议供存在以上问题的职场新人做参考。

（1）简历要有条理性和逻辑性　简历应该注重条理，分个人情况、自我评价、教育情况、社会实践、技能等几个方面来写。在一些细化的内容上，能一条一条按从宏观到微观的思路来写。然而，有很多人的简历就像写自传一样，洋洋洒洒地一写一大篇，似乎很有文采。其实这种简历，企业的招聘人员可能连看都不看。

（2）简历内容要充实　刚毕业的学生没有什么实践经历，所以在学校的情况要写得具体一些，如学习获奖情况、学生活动组织和参与情况、论文、学校的实践和自己的社会实践等都可以用来充实自己的简历。当然，简历内容最好围绕目标职位的要求来写，如能够体现团队合作能力、组织协调能力、学习能力等的内容。

（3）其他注意事项　职场新人的简历同一般的简历一样，应该力求文字的准确，在做完简历后要仔细检查，注意语句的通顺，并避免出现错字。另外，简历内容以一页为宜。同时，尽量准备一份英文简历。

在当今网络发达的环境下，大多数人都是通过网络求职。所以，简历成为取得成功的第一步。

4. 网上投递简历的技巧

不少求职者遇到这种情况：发了数十份甚至上百份简历却没有任何回音。是招聘单位没有收到还是自己投递简历的程序有问题？为提高求职的命中率，求职者在网上投递简历也应掌握一些小技巧。

（1）选好渠道　有人会问，到底是在网站上直接点击“申请该职位”还是另行将自己的简历发送至招聘广告上公布的电子邮箱呢？如果在该网站已建立了最新的与该职位相匹配的简历，那么不妨点击“申请该职位”通过该网站发送简历。这样做的好处是：招聘人员能及时收到你的简历，而不会当作垃圾邮件删除，而且对你应聘的职位一目了然。

（2）要用私人邮箱　首先，在给用人单位发送简历的时候，要用自己的私人邮箱，切勿用公司的信箱。其次，选择稳定性、可靠性高的电子邮箱，尤其是免费邮箱的选择更要注意，如果不稳定，发送的简历对方没有收到，或者对方回邮的过程信件丢失，那就太可惜了。

（3）标题上注明应聘职位　关于邮件的标题问题，如果对方在招聘的时候（在职位广告中）已经声明采用哪种格式的主题，尽量照着做，因为这是其初步筛选的标准。

招聘单位一天收到的简历可能有几百份甚至几千份。如果标题只写了“应聘”是“求职”或“简历”等，可以想象一下简历的被关注程度。所以至少要写上应聘的职位，便于招聘单位分门别类地去筛选。而且最好在标题中就写上自己的名字，这样便于招聘单位再次审核你的简历。

（4）申请的职位要准确　应聘职位的名称按公司在招聘中给出的写，就算其工作内容相似，也不要自己随意发挥。

比如应聘“渠道部总经理助理”，不要写成“总经理助理”或是“渠道助理”；应聘“副总裁秘书”不要写成“总裁秘书”“文秘”。

三、应聘前准备

1. 就业信息的收集

要想使自己的择业决策具有更多的科学性，毕业生就要有就业信息量的保证。譬如国家大的就业方针，各地方及行业的就业政策，自己所属院校的就业细则，有关的就业机构、具体职责等，当然，更为主要的还有用人单位的需求信息。在这些信息的占有量上如果存在不足，毕业生取舍决策的科学性、准确性就要大打折扣。

收集就业信息应力求做到“早”“广”“实”“准”。所谓“早”，就是收集信息要及时，要早做准备，不能事到临头再去抱佛脚。所谓“广”，就是信息面不能太窄，要广泛收集各个方面、不同层次的就业信息。有的同学只注意根据自己预先设定的目标收集有关地区、行业和单位的就业信息，使自己放弃或忽视了“后备”信息，在求职遇挫时感到无所适从，造成被动局面，这种情况是应予避免的。“实”，就是收集的信息要具体，用人单位的地点、环境、人员构成、生活待遇、发展前景、对新进人员的基本要求、联系方式等各方面信息掌握得越具体越好。“准”，就是要做到准确无误。一方面，要弄清用人单位需要的是什么层次、什么专业的人才？在生源、性别、相貌、外语水平等方面有什么特殊要求，都要搞准；另一方面，用人信息也和商品信息一样，具有很强的时效性，你所了解的信息是不是过期的信息，用人单位是否已经物色到合适人选？这些情况都要搞清楚，绝不能似是而非。收集就业信息的途径如下：

1）校内主管部门。无论从哪个角度来看，学校都应是收集就业信息的主渠道。因为就目前的就业机制看，学校是连接职校生就业工作所涉及的有关对象的核心环节，它们既与毕业生就业工作所涉及的各级主管部门之间保持着密切联系，同时也是用人单位选录毕业生所依赖的一个主要窗口。这一特定的位置，使它们对就业信息的占有量大于任何一个部门，同时其所掌握信息的准确性、权威性也没有任何一个部门可以与之相提并论。就政策而言，全国的、行业的、地方的，在它们这里都有全面的信息收集；就需求信息而言，校内主管部门接触到的所有信息都是用人单位针对学校的专业设置而提供的，可信度最高；同时校内主管部门所接触的各部门、各单位就是毕业生就业工作所涉及的就业机构。因此校内主管部门是毕业生就业所依靠的主要对象。目前各高校毕业生就业工作的职能部门大都转变观念，以市场为导向，以服务为宗旨，在制定文件、公布信息、提供咨询、就业指导以及为用人单位举办各种就业招聘方面都做了大量的工作，也取得显著的成效。

2）各种类型的毕业生就业市场。为做好每年的毕业生就业工作，各地方、各行业及各高校都要举办规模大小不等的“人才市场”，这些“人才市场”所容纳的毕业生需求信息量非常大，毕业生应珍惜并抓住这些机遇。这些“人才市场”除了提供大量信息外，还可使毕业生和用人单位直接洽谈，相互了解情况，有不少毕业生就是通过这一途径确定工作单位的。

3）计算机网络。互联网是毕业生在信息时代搜集、获取就业信息的一种高效、便利的途径。已有不少省、市和高校都建立起了毕业生电子信息网络。这些网络大多并入了国内各大网站，毕业生既可从中查阅到职业需求信息，又可以将个人求职材料输入网络系统，供用人单位在招聘时参考选择。目前，我国许多高校均建立了自己的网站，上网已不是难事。只要申请了相应的账户，就可以通过校园局域网或学校附近的网吧上网。

4）各种“亲友团”“门路”。“亲友团”或“门路”不能简单归之于走后门而一味加以排除。这里“亲友团”“门路”实际是指就业过程中的途径、渠道。如果说市场的竞争机制和企业进人的监督机制能够使“唯才录用”成为大家的共识，那么“门路”就应是大学生求职择业所应予提倡的有效途径之一。事实上每年也有不少毕业生是通过“门路”落实就业单位的，他们实现求职夙愿后，充分发挥自己的实力，确实也取得很大的成功。“门路”以“三缘”为基础。作为社会人，我们在走向社会之前与社会的联系不外乎这样三种“缘分”，即“血缘”“地缘”“学缘”。完全没有“门路”的人是不存在的，发此怨言者他们不是没有“门路”，而是没有想办法去找“门路”。以“血缘”而论，每个人都有父母等亲人，而且父母及亲人也都有自己的朋友和熟人，以此延展下去，就会变成一个“门路”网络。以“地缘”而论，故乡的友人、朋友、同学以及他们的朋友、同学等都属此类。以“学缘”而论，一个人从幼儿园、小学、中学、高中直至大学，都有许多同伴、同学和师长，而他们也各自都有许多亲友、同学等。通过这些“门路”所能获取的信息量是极大的。在这里需要提示的是，在“门路”中，要特别注意利用师长和校友这一“门路”。尤其是负责就业指导的老师，他们比一般人更了解不同专业毕业生适合就业的方向和范围，对一些对口单位的人才需求信息了解得比较详细。而校友则大多在对口单位工作，他们提供的信息往往比较具体、准确。

5）实习单位。实习单位一般都是对口单位。通过实习，你对单位的了解或单位对你的了解都会比别的需求信息更具有质的含量。如果说实习单位有意进人，很可能你就是其要考虑的第一个对象。通过实习落实就业单位的毕业生每年都有不少。

6）打电话、写求职信或登门拜访。这要求毕业生有一种“毛遂自荐”的意识，并且对自己单方面拟定的意向单位要有大概的了解和预测，这种形式主动性强，但盲目性较大，在缺乏就业信息的情况下，也不失为一种获取就业信息的方法。

7）有关就业指导的报刊、图书。教育部高校学生司和全国高校毕业生就业指导中心主办的《毕业生就业指导》报，是专门为毕业生就业服务的专业性报纸，定期为毕业生提供就业信息。其他一些报纸如人民日报社市场报主办的《大江南人才》也经常介绍一些就业信息，一些关于就业的图书中也经常附上有关用人单位的情况介绍和用人需求，这些都是获取信息的渠道。

2. 确定合理的就业目标和择业标准

合理的就业目标就是指选择的职业既符合个人的特点，也符合社会需要，体现人职合理的匹配，能充分运用自己所学的知识，发挥个人优势，多为社会做贡献的就业目标。合理的就业目标主要包括两个方面。一是就业的主要目标。对于一个特定专业的职校生来说，在目前的就业形式下，最大的可能是从事与所学专业相关的职业。因此，应把能充分运用自己所学专业知识的职业作为自己就业的主要目标，这既符合学校教育的培养目标，又能充分运用自己的专业知识，发挥专业特长。二是就业的次要目标。这是由社会职业结构的不断变化，相应地对人才的需求随之变化所决定的。这就要求在学好专业知识的同时，根据自己的兴趣、爱好，利用课余时间，通过自学等途径，学习有关知识，培养能力，决定与自己兴趣、爱好相一致的就业目标。要确定合理就业目标，就要求职校生合理调整就业期望值，优化自己就业的心理坐标。

四、面试

1. 收集招聘单位的资料

尽可能了解清楚招聘单位的性质和背景，搞准确它是哪一种行业、生产何种产品；是独资企业还是合资企业，它的企业文化（包括口号和形象）是什么；同时还要尽可能了解清楚招聘单位的业务情况，比如：过去的业绩好不好？业务往来的对象有哪些？现在该单位在做什么工作？如果是工厂，该厂产品的注册商标是什么？该单位的发展前景如何？另外，对招聘单位的内部组织、员工福利、一般起薪、工作地点等也应该尽可能了解清楚。

以上资料信息可以向父母、朋友、同学或亲戚打听，也可以向在该用人单位工作的熟人咨询，还可以通过电话、新闻报道、广告、杂志、企业名录及其他书籍找到。

一个对招聘单位一无所知的求职者，面试时往往会遭遇失败。例如，有个学市场营销专业的本科男性毕业生，满怀信心去应试美国在广州投资兴办的雅芳（Avon）公司的销售人员，他原以为雅芳仅仅是这家公司美丽的名称而已，根本不知道“雅芳”是女性化妆品的注册商标。因此，在面试中当美方主试人问及他为何应聘该公司时，他不假思索地回答说：“我喜欢‘雅芳’”。结果弄得严肃的主试人忍俊不禁。该应聘者就因这么一句答语而败北。试想，一个对其产品一无所知的人，怎么可能会被录取为该公司的推销人员呢？

2. 收集主试人的有关情况

首先要打听到主试人的姓名，并且要能准确地说出他们的姓氏。如果主试人是外籍人员，可能他们的名字很不容易发音准确，宜在词典中查出其准确的发音。然后要尽可能了解主试人的性格、为人处世方式、兴趣爱好，他的背景如何，在近期生活中有什么重大变故，在变故中他是什么心境？你和主试人有何共同之处？你们是否有共同认识的人？只有对主试人的情况了如指掌，你才能在面试时宜守宜攻，自始至终立于不败之地。

3. 把自己的资料准备妥当

有些行业在学历、能力、年龄各方面都有限制，事先要核查一下自己的资格是否符合条件，千万不要存在碰碰运气的念头。如果你觉得自己符合应聘条件，还要确定自己可以胜任哪种职位。然后要准备好自己的毕业证书、学位证书、专业资格任职证书、获奖证书、身份证、推荐信等材料。去面试时，应把这些资料有条不紊地放在一个公文包里随身带去，以便主试人随时查看。公文包井然有序会使你看上去办事得体有方，值得信赖。公文包里除了放置上述个人资料外，还可以装一些与工作有关或有助于谈话的资料，这些资料在面试中可能会产生意想不到的效果。假如主试人提些你意想不到的问题，你可以拿出自己的笔记本回答：“我前些时候也看到一篇和这个问题有关的文章，尤感兴趣，因而做了笔记，您是否有兴趣翻一下。”这样，主试人便会对你另眼相看。

另外，你还可以准备一本大一点的书或杂志放在公文包里。通常面试前总有一段时间要等候，如果应试人数较多，而你又被安排在靠后位置，那么等待的时间就会较长。等候容易使人心情烦躁，无端生些猜测，打乱早已准备好的步骤。遇到此种情况，你便可以把书或杂志拿出来看。看书可以让人安静镇定。如果主试人迟到了，你手上有书或杂志，正好可以全神贯注地看，显出丝毫没注意的样子。如果主试人有意“晾晒”你，让你久等，以便显示显示威风，你正好可以借着看书，表示你视若无睹，这样就避免了和主试人的正面冲突。和主试人发生哪怕是细微的不愉快的冲突，对应试都是极为不利的。

4. 面试之前准备

（1）准备工作马虎不得　参加求职面试，除了随身要携带必要的证书、文凭、照片等必需品之外，还要事先做好四方面的准备工作。

一是背熟自己的求职履历。有些人求职太过频繁，而自己的求职履历又是经过精心“包装”的，轮到面试时有时连自己都记不清究竟“工作经验”是怎样“排列组合”的，一上阵便迅速露出马脚，不战自败。

二是准备好同所申请的职位相吻合的“道具”。身上穿的、手上戴的、浑身上下的衣着均能反映出求职者对所申请的职位的理解程度。试想如果一家五星级酒店招一名公关经理，而应聘者下雨天穿着高筒套鞋去面试恐怕同所申请的职位形象相去甚远。所以面试时的

“道具”也应有所选择。

三是准备好同自己身份相吻合的语言。每个人都应对语言和遣词用字有所选择，面试不同于闲聊，不可张嘴就来，不假思索。面试时，每句话、每个词都应有所挑选。如不少不谙世事的求职者参加面试时张口闭口“你们公司怎么怎么”，听多了肯定会引起别人的反感。应该十分有礼貌客气地说“贵公司”，礼多人不怪！

四是准备好同选择的职业和身份相吻合的行为规范。面试时的细小行为最能说明一个人的真实情况，试想一个个人物品杂乱无章，甚至连钢笔都找不到的人，如何能受到面试考官的青睐呢？

（2）面试时的自我包装　自我包装，可以说是门学问、是门艺术，它能带给人视觉美，使人心情愉悦。

“佛要金装，人要衣装。”面试当天的穿着打扮对录取与否，有着举足轻重的影响，虽说留下完美的第一印象未必会被录取，但若给人留下坏印象，极可能因而名落孙山。所以，应花费心思为自己塑造一个良好的外在形象。

男性在面试时应注意以下几点：

1）注意头发修整，如果稍嫌过长，应修剪一下。

2）避免穿着过于老旧的西装，颜色以素净为佳。

3）正式面试时，以长裤并熨烫笔挺为好。

4）衬衫以白色为好。

5）尽量选择颜色明亮的领带。

6）领带不平整给人一种衣冠不整的观感，尽可能戴上领带夹。

7）西装和皮鞋的颜色以保守为原则，面试时着装最好避免颜色过于怪异。

女性在面试时则应注意以下几点：

1）穿着应符合职业女性的身份，裙装套装是最合宜的装扮，勿穿长裤应试。裙装长度应在膝盖左右或以下，太短有失庄重。

2）面谈时应穿着高跟鞋，最好避免穿着平底鞋。

3）服装颜色以淡雅或同色系的搭配为宜，颜色勿过于花哨，形式亦不宜暴露。

4）头发梳理整齐，勿顶着一头蓬松乱发应试。

5）应略施脂粉，但勿浓妆艳抹。

6）不宜擦拭过多的香水。

（3）办公室面试礼仪

男士前往面试应穿上最整洁的服装，但也不必过分刻意打扮。在会客室等候时，要放松心情，不要显得焦虑不安。当叫到自己名字时，应冷静并充满信心地走进去。见到接见人时握手，并说“早安”或“午安”。应注意的是，虽说面试时应该表现得信心十足，但也千万别显得过分自信。会面结束之时双方再握手告别。

女士前往面试应穿得整洁、明亮，给人一个好的初步印象，叮叮当当作响的珠宝饰物、过浓的香水、拉得不直和不正的丝袜缝、未修过的指甲或是蓬蓬松松的头发等，都足以抵消求职信所给予人的良好印象。

面试时急着主试人提出自己的条件是不聪明的。有些人第一个问题便提及薪酬和假期，这样的做法常不会给人留下一个良好的最初印象。

在会面的过程中，主试人会说明大概的工作范围、性质、要求、工作时间和薪酬等，迟些才会谈及休假等细节。在他提问时，求职者的答复应该精简、切题和毫不犹豫。之后，他也许会问求职者是否喜欢该职位，同时有无问题要提出之类。

主试人认为这次会面已圆满结束时，他会起立说："谢谢你，我已经知道你的一切了。"倘若他认为求职者是理想的人选，他可能即时聘用。如果求职者对一切都满意，便可以接受，然后彼此再商定上班日期。

求职者告辞时，主试人可能会送到办公室的门口，同时告诉会迟些时候发信息给他，对他的职位一事，加以确认。虽然这只不过是一个口头上的许诺，但一般不会改变主意，另行雇用他人。如果在会面时未能做出决定，或者还有求职者要约见，主试人可能会说将来会用书面形式通知是否录用。

5. 面试技巧

（1）面试形式　通常面试有四种形式：小组面试、成组面试、电话面试、视频面试。

1）小组面试。通常是由两三个人组成面试小组对各个应聘者分别进行面试。面试小组可由人事部门及其他专业部门的人员组成，从多种角度对应聘者进行考察，以提高判断的准确性，克服个人偏见。

2）成组面试。通常由面试小组（由两三人组成）同时对几个应聘者（一般为五六个）同时进行面试。在面试人员的引导下，完成一些测试和练习。在这个过程中，对应聘者的逻辑思维能力、解决实际问题的能力、人际交往能力、领导能力等进行测试，以便于做出用人决策。

3）电话面试。电话面试是一种通过手机、固话等通信工具对应聘者进行考核和筛选的面试渠道。它采用的是不亲身接触，仅通过言语传递信息来了解应聘者的身份、简历、应聘职位和应聘能力的方式。

4）视频面试。视频面试是一种用人单位与求职者足不出户利用连通了互联网的计算机，通过视频摄像头和耳麦发送语音、视频、文字的方式进行即时沟通交流的招聘和面试行为。

（2）面试心态　求职，简单来说，是用人单位和应聘者的双向选择，是一个应聘的过程。"求"是申请，而非"哀求""请求"。求职者要做好自我定位，以自己的专业知识、能力与才华打动面试官，赢得岗位。

在求职过程中要诚恳、谦恭，不卑不亢，具体如下：

1）应聘时，要先敲门，关门后鞠躬、问好，然后走到位置前，待主考官讲"请坐"后道谢坐下。环视主考官，微笑。

2）介绍个人基本情况，如姓名、年龄、受教育程度、特长、工作经历等，切忌博取同情心、谈论个人感受等。

3）回答问题时勿以"我"为中心，过于"自我"表现；观点不同时，语气要平和，可发表不同观点，但切忌争论；语言表达要简明、扼要，避免重复、唠叨、游离主题。

4）最好不要单刀直入地询问关于薪资的问题。可委婉地说，如："请问，贵公司的薪金制度与其他公司有何不同呢？"当主考官询问你的薪金要求时，可模糊回答。

5）面试结束，要首先感谢主考官及公司给自己机会，把椅子放回原处，关门前鞠躬，再次表示感谢。随手关门。

应聘后可写信致谢（有提醒对方的作用），一般在应聘后2~3天发出。内容包括致谢、应聘的时间和经过、对工作的信心、期待机会等。简短地表明自己的兴趣及对工作的信心。

（3）面试应答

问题一：请你自我介绍一下。

思路：

1）这是面试的必考题目。

2）介绍内容要与个人简历一致。

3）表述方式上尽量口语化。

4）要切中要害，不谈无关、无用的内容。

5）条理要清晰，层次要分明。

6）事先最好以文字的形式写好背熟。

问题二：谈谈你的家庭情况。

思路：

1）家庭情况对于了解应聘者的性格、观念、心态等有一定的作用，这是招聘单位问该问题的主要原因。

2）简单地罗列家庭人口。

3）宜强调温馨和睦的家庭氛围。

4）宜强调父母对自己教育的重视。

5）宜强调各位家庭成员的良好状况。

6）宜强调家庭成员对自己工作的支持。

7）宜强调自己对家庭的责任感。

问题三：你为什么选择我们公司？

思路：

1）面试官试图从中了解你求职的动机、愿望以及对此项工作的态度。

2）建议从行业、企业和岗位这三个角度来回答。

3）例如，“我十分看好贵公司所在的行业，我认为贵公司十分重视人才，而且这项工作很适合我，相信自己一定能做好。”

4）对该行业进行简单的横向分析。

问题四：我们为什么要录用你？

思路：

1）应聘者最好站在招聘单位的角度来回答。

2）招聘单位一般会录用这样的应聘者：基本符合条件、对这份工作感兴趣、有足够的信心。

3）例如，“我符合贵公司的招聘条件，凭我目前掌握的技能、高度的责任感和良好的适应能力及学习能力，完全能胜任这份工作。我十分希望能为贵公司服务，如果贵公司给我这个机会，我一定能成为贵公司的栋梁！”

问题五：如果我录用你，你将怎样开展工作？

思路：

1）如果应聘者对于应聘的职位缺乏足够的了解，最好不要直接说出自己开展工作的具体办法。

2）可以尝试采用迂回战术来回答，如“首先听取领导的指示和要求，然后就有关情况进行了解和熟悉，接下来制订一份近期的工作计划并报领导批准，最后根据计划开展工作。”

问题六：你能为我们做什么？

思路：

1）基本原则是投其所好。

2）回答这个问题前应聘者最好能先发制人，了解招聘单位期待这个职位所能发挥的作用。

3）应聘者可以根据自己的了解，结合自己在专业领域的优势来回答这个问题。

问题七：你是如何看待应届生缺乏经验这件事的？

思路：

1）如果招聘单位对作为应届毕业生的应聘者提出这个问题，说明招聘单位并不真正在乎经验，关键看应聘者怎样回答。

2）对这个问题的回答最好要体现出应聘者的诚恳、机智、果敢及敬业。

3）例如，“作为应届毕业生，在工作经验方面的确会有所欠缺，因此在读书期间我一直利用各种机会在这个行业里做兼职。我也发现，实际工作远比书本知识丰富、复杂。但我有较强的责任心、适应能力和学习能力，而且比较勤奋，所以在兼职中均能圆满完成各项工作，从中获取的经验也令我受益匪浅。请贵公司放心，学校所学及兼职的工作经验使我一定能胜任这个职位。”

问题八：你离开前一家公司的原因是什么？

思路：

1）最重要的是应聘者要使招聘单位相信，应聘者在之前单位的离职原因在此家招聘单位里不存在。

2）避免把离职原因说得太详细、太具体。

3）不能掺杂主观的负面感受，如“太辛苦”“人际关系复杂”“管理太混乱”“公司不重视人才”“公司排斥我们某某的员工”等。

4）但也不能躲闪、回避，如“想换换环境”“个人原因”等。

5）不能涉及自己负面的人格特征，如不诚实、懒惰、缺乏责任感、不随和等。

6）尽量使解释的理由为应聘者个人形象添彩。

7）例如，“我离职是因为这家公司倒闭。我在公司工作了三年多，有较深的感情。从去年开始，由于市场形势突变，公司的局面急转直下。走到眼下这一步我觉得很遗憾，但还是要面对现实，重新寻找能发挥我能力的舞台。”

问题九：谈谈你的缺点。

思路：

1）不宜说自己没缺点。

2）不宜把那些明显的优点说成缺点。

3）不宜说出严重影响所应聘工作的缺点。

4）不宜说出令人不放心、不舒服的缺点。

5）可以说出一些对于所应聘工作无关紧要的缺点，甚至是一些表面上看似缺点，从工作的角度看却是优点的缺点。

问题十：谈谈你的一次失败经历。

思路：

1）不宜说自己没有失败的经历。

2）不宜把那些明显的成功说成是失败。

3）不宜说出严重影响所应聘工作的失败经历。

4）所谈经历的结果应是失败的。

5）宜说明失败之前自己曾信心百倍、尽心尽力。

6）说明仅仅是由于外在客观原因导致失败的。

7）失败后自己很快振作起来，以更加饱满的热情面对以后的工作。

问题十一：与上级意见不一致时，你将怎么办？

思路：

1）一般可以这样回答，“我会给上级以必要的解释和提醒，在这种情况下，我会服从上级的意见。”

2）如果面试你的是总经理，而你所应聘的职位另有一位经理，且这位经理当时不在场，可以这样回答：“对于非原则性问题，我会服从上级的意见，对于涉及公司利益的重大问题，我希望能向更高层领导反映。”

问题十二：你是否愿意做常规工作？

思路：又是一个“诱供”的提问。应聘者从以往痛苦的经历中体会到，新近毕业的大学生不愿做常规工作，是一些无望成才的员工，直到他们接受了现实状况后才会有所改变。你应向对方解释，你理解需要有人做常规工作，在你奉命完成更有责任的工作之前，你知道要先完成一定数量的常规工作。

问题十三：你想找一份长期的还是临时性的工作？

思路：招聘人员是想确认你是真心实意地热爱这份工作，而不会干了几个月后便又到某个学校学习或找别的工作了。不要简单地只说个“是”，要解释清楚你找这份工作的理由，可以说：“当然，我要找一份长期性的工作，我想在这个领域发展自己的事业，找机会学习业务，寻求新的挑战，向有经验的专业人士学习。”在你回答完毕之后，你也要反问对方以确认其所提的问题：“你们要招的这个岗位是长期的还是临时性的？”不要怕问，因为偶尔也会有些不道德的用人单位短期聘用一些新手参与某个项目，完工之后便把他们辞退掉。

问题十四：你对哪类职位感兴趣？

思路：这又是一个试探你的服从性的问题，不要直接回答，要表示你服从安排：“我对这些初级岗位很感兴趣，因为我可以从中学到公司内外的业务，当我证实了自己的实力之后，可以沿着专业方向进一步发展。”

问题十五：你对企业运作的看法是什么？

思路：招聘人员并不想就此与你长谈，只是想证实一下你并不会将企业想象成一个慈善机构。应聘者可以这样回答：“任何一家公司都希望尽可能快速、高效地盈利，其运作方式应该是鼓励老客户做回头生意，用出色的口碑和信誉发展新客户。”回答结束时，要说明员工作为团队中的一员，所起的作用都是为这个目的服务的。

问题十六：你的暑期打工工作是怎样找到的？

思路：所有用人单位对有工作经历的应届毕业生都一致看好，无论参与过什么样的工作。一家就业服务机构的负责人说："读书时期有过工作经历的人容易与人相处，他们会更好地安排时间，更务实，而且更成熟，与我们有更多的共同语言。"因此，在你应答时，要加上这样的内容：企业就是要创造利润，个人要更有效率地工作，遵章守纪，尽全力完成工作。简而言之，无论你的暑假工作多么微不足道，都要将其视为一段在企业的工作经历。

就具体的问题而言，招聘人员的提问是为了了解你的主动性、创造性与灵活性。例如，你可以说："在我家乡的小镇上，找一份暑假工作并不容易，但我向每家餐馆都申请做招待工作，给各家的经理打电话预约面试，最后在一家最有名气的餐馆找到一份工作。我先做下午班，后来因为我手脚麻利，算账准确，并有让顾客满足的服务水平，他们很快就把我转到晚班了。我在那儿干了三个暑假，当我离开的时候，我负责培训夜班服务员，分配小费收入，以及晚上的收工打烊与记账。总之，我的这段经历使我了解了小型企业以及企业中具有共性的一些机理。"

问题十七：你如何规划自己未来的事业？

思路：这是下列问题的有趣翻版："你在今后的五年中要达到什么职位？"几乎所有初级专业人士都会落入这个圈套中，答道："管理阶层。"因为他们自以为可以以此表明其雄心壮志。然而这会立即引发一系列大多数应届毕业生无法回答的问题：管理阶层的定义是什么？一个经理的基本责任是什么？想做什么领域的经理？最保险的回答应该先说明你要发展或进取的专业方向，并表明你脚踏实地的工作态度。例如，"我的事业计划是勇于进取，所做的事情必须是能够将我的精力与专业知识融入我所在行业与我的工作的。因此，我希望在今后几年中，成为一名专业人士，很清楚地理解自己的公司、行业、最大的挑战以及机会之所在。到那时，我未来的发展目标应该会清楚地显露出来。"类似这样的应答会使你远远地高于你的同龄人。

问题十八：你在接受别人指导时，会不会感到难受或受到伤害？

思路：这是个顺从性问题，假如你的失误被别人指出来之后，会轻易地顶撞或发火，那么你在公司里不会干得很久。初级岗位的竞争相当激烈，这也是你表明自己与众不同的又一个机会。例如，"我会接受别人的意见，更重要的是，我能接受建设性的批评而没有抵触情绪。即使主观上尽全力而为，我也会出现失误，还需要别人把我引回正确的方向上。"

问题十九：你觉得作为你应聘的第一家单位，是否要考虑你在学校时的分数？

思路：假如你的分数很高，应答时显然要答"是"；假如你的分数并不高，你就得多加考虑了。例如，"当然，用人单位要全面考虑，要看分数，但同时也要考察一下应聘者的工作积极性和服从性、对开发业务的理解及实际工作经验，总体来看，经历与专业技能要比分数更有价值。"

6. 面试时的综合能力考核

（1）专业知识　了解应聘者掌握汽车专业知识的深度和广度，其专业知识更新是否符合所要录用职位的要求，作为对专业知识笔试的补充。面试对专业知识的考察更具灵活性和深度。所提问题也更接近空缺岗位对专业知识的需求。

（2）工作实践经验 一般通过查阅应聘者的个人简历或求职登记表提供的信息，做些相关的提问。查询应聘者有关背景及过去工作的情况，通过面试的询问补充、证实其所具有的实践经验，通过对工作经历与实践经验的了解，还可以考察应聘者的责任感、主动性、思维力、口头表达能力及遇事的理智状况等。应聘者可以把实习经历作为工作经历加以描述。

（3）口头表达能力 这个环节主要是看面试中应聘者是否能够将自己的思想、观点、意见或建议顺畅地用语言表达出来。考察的具体内容包括表达的逻辑性、准确性、感染力、音质、音色、音量、音调等。

（4）人际交往能力 在面试中，通过询问应聘者经常参与哪些社团活动，喜欢同哪种类型的人打交道，在各种社交场合所扮演的角色，可以了解应聘者的人际交往倾向和与人相处的技巧。

（5）工作态度 一是了解应聘者对过去学习、工作的态度；二是了解其对现应聘职位的态度。在过去学习或工作中态度不认真，对做什么、做好做坏都无所谓的人，在新的工作岗位也很难能勤勤恳恳、认真负责。

（6）求职动机 了解应聘者为何希望来本单位工作，对哪类工作最感兴趣，在工作中追求什么，判断本单位所能提供的职位或工作条件等能否满足其工作要求和期望。

（7）业余兴趣与爱好 通过了解应聘者休闲时爱从事哪些运动，喜欢阅读哪些书籍，喜欢什么样的电视节目，有什么样的爱好等，可以了解一个人的兴趣与爱好，这对录用后的工作安排会有好处。

7. 应该怎样结束面试谈话？

在交谈中，人们普遍重视开头，万事开头难嘛，而对结束谈话，人们往往不以为然。谈话结束，说声“再见”不就可以了吗？其实，结束谈话并非如此简单。比如，一方没说完话，对方就不愿听了，怎么结束？两人在交谈中争得面红耳赤，又各不相让，如何结束？两人谈兴正浓，而客观条件又不容许再谈下去，又应该怎样结束？

1）切忌在双方热烈讨论某一问题时，突然将谈话结束，这是一种失礼的表现。如果一时出现僵持的局面，应设法更换话题，一旦气氛缓和就应赶紧收场。

2）不要勉强把话拖长。当发现谈话的内容已渐枯竭时，就应马上道别。否则，会给对方留下言语无味的印象。

3）要小心留意对方的暗示。如果对方对谈话失去兴趣，可能会利用身体语言做出希望结束谈话的暗示。比如，有意地看看手表，或频繁地改变坐姿，或游目四顾、心神不安。遇到这些情况，最好知趣地结束谈话。

4）要把时间掌握得恰到好处。在准备结束谈话之前，先预定一段短时间，以便从容地停止。突然结束，匆匆忙忙地离开，会给以粗鲁无礼的印象。

5）笑容是结束谈话的最佳句号。因为最后的印象，往往也是最深的印象，可以长期留在双方的脑海之中。

6）在交谈结束时，说一些名人格言、富有哲理的话，或是美好祝愿的话，往往会产生很好的效果。

8. 面试结束，应聘未完

1）在面试后的一两天内，你须给某个具体负责人写一封电子邮件。感谢他为你所花费的精力和时间，为你提供的各种信息。这封电子邮件应该简短地谈到你对公司的兴趣，你有关的经历和你可以成功地帮他们解决的问题。

2）如果两星期之内没有接到任何回音，你可以给主试人打个电话，问他“是否已经做出决定了?”这个电话可以表示出你的兴趣和热情。你还可以从他的口气中听出你是否有希望。

3）面试看起来很成功，但结果你还是落选了。对此，你不要大惊小怪。面试时，大多数的主试人都尽量隐藏他们的真正意图，不会轻易让你看出来。万一他人通知你落选了，你也应该虚心地向他人请教你有哪些欠缺，以便今后改进。一般来说，能够得到这样的反馈并不容易。

4）如果你在打电话打听情况时觉察出自己有希望中选，但最后决定尚未做出，那你就在一两个星期后再打一次电话询问一下。

5）每次打电话后，你还应该给主试人发封电子邮件表示感谢，哪怕他们已经暗示你可能落选了。

9. 面试后你还该做点什么

应聘并不是到面试时终止。如果你对自己面试时的表现不够满意，记住，抓住面试后寄感谢信的机会，也许可以扭转乾坤。

面试感谢信是求职的必要工具。但是应该发送电子邮件还是传统信件？是手写信函还是打印信函？这个问题至今仍旧困扰着许多求职者。看看下面的建议是否可以对你有所帮助。

应聘公司如果开始是通过电子邮件与你约见，那你面试回来后要立即用电子邮件发送感谢信，并一定要在后面说明你并非不速之客。电子邮件感谢信较之传统的寄信方式有它鲜明的优势：你可以在面试的当天，有时是在几小时之内，把你的名字再次置于主考官面前。

如果你面试的是一家正规的、传统的公司，应用传统寄信方式寄出感谢信。是手写还是打印呢？打印出来的信比较标准，而且也能证明你会正确使用称谓、格式和签名。

如果你想向办公室里那些帮助过你的人致谢，那最好是手写。例如，如果一个接待员、助理、办公室经理或其他与面试有关的人员对你有过帮助——他们带你去吃午餐或在面试时为你引过路，那么，手写的感谢信是表达你谢意的最好方式。

一封标准的感谢信应包括如下内容：感谢某人为你提供了面试的机会；概括一下面试内容；说明你需要有关面试主考官的任何反馈；最重要的是说明你的技能。在最后一段要写上：这份工作非常适合你的原因，你过去有过哪些经验。

面试主考官的记忆是短暂的。感谢信是你最后的机会，它能使你显得与其他想得到这个工作的人不一样。

10. 求职面试后的必备礼仪

许多求职者只留意应聘面试时的礼仪，而忽略了应聘后的善后工作，而这些亦能加深别人对你的印象。面试结束并不意味着求职过程就完了，也不意味着求职者就可以静待聘用通知的到来，还需要做以下工作：

（1）感谢　为了加深招聘人员对你的印象，增强求职成功的可能性，面试后两天内，最好给招聘人员打个电话或写封信表示谢意。

(2) 不要过早打听面试结果　在一般情况下，每天面试结束后，面试考官都要进行讨论和投票，然后送人事部门汇总，最后确定录用人选，可能要等3~5天。求职者在这段时间内一定要耐心等候消息，不要过早打听面试结果。

(3) 收拾心情　面试回来后，你已经完成一次面试，但这只是完成一个阶段。如果你向几家公司求职，则必须收拾心情，全身心投入准备第二家公司的面试。因为，未收到聘书之前，仍未算成功，你不应放弃其他机会。

(4) 查询结果　一般来说，你如果在面试两周后或在主考官许诺的通知时间到了，还没有收到对方的答复时，就应该写信或打电话给招聘单位或主考官，询问是否已做出决定。

(5) 做好再次冲刺的思想准备　应聘中不可能个个都是成功者，万一你在竞争中失败了，也不要气馁。这一次失败了，还有下一次，就业机会不止一个，关键是必须总结经验教训，找出失败的原因，并针对这些不足重新做准备，“吃一堑，长一智”，谋求“东山再起”。

11. 电话面试

很多外企在收到简历之后，为了在面试前做进一步的筛选，用人单位往往用打电话的形式进行首轮面试。电话面试的时间一般在20~30min，用以核实求职者的背景和语言表达能力。

(1) 电话突然打来怎么办　企业突然来电，往往令你措手不及，你也许正在上课，也许正在运动，也许正在公交车上，此时没有任何准备，建议你首先试探看看对方是否可以给你一些准备时间稍后再进行电话面试，如“对不起，我现在有事，能不能换个时间给您打电话?”等，千万不要说自己没有准备，否则很有可能让你失去这次机会。

一旦赢得时间，最先做的应是马上摊开资料写一份提纲。当你能坦然放松地与对方进行电话交谈时，应该将对方单位名称、招聘岗位，以及你所感兴趣的职位等弄清楚。

假若对方表示占用时间很短，要你配合的话，也不要紧张，先找个安静的地方坐下，然后理清思路，先做简短的自我介绍，之后有条不紊地回答提问。

(2) 电话面试会问什么　为确认求职简历的真实性，企业人事部门首先会对简历内容进行确认，看看是否有漏洞，是否有不符合事实的地方。此时，应聘者必须冷静快速地回答问题，回答过程中的任何犹豫都有可能给对方造成说谎的印象。因此，最好将简历放在手边，可以看着简历内容回答提问。

对简历内容确认之后，面试官会针对应聘岗位问些专业技术方面的问题，比如你的专业技能、对应聘职位的看法，有时会问得更细一些。对于这些问题，千万不要慌张，而要保持镇静，抓住问题要点，尽你所能，如实回答。

在面试过程中不要机械地背诵你所准备的材料，回答问题时语速不必太快，发音吐字要清晰，表述要简洁、直截了当、充满热情，使得谈话有趣而易于进行，快了反而会弄巧成拙。如果没听清楚问题，要很有礼貌地请面试官重述一次，不要不懂装懂。

在回答一些专业问题时，你的答案要尽量显示你对那些专业术语非常熟悉，并能用简短的语言表达清楚，重点突出，不要回答得含糊不清。

电话面试结束后，立即挂上电话，写一封关于电话面试的简短的感谢信，如果发电子邮件的话必须在1h内发出，如果是发普通信件的话在这一天之内发出就可以了。

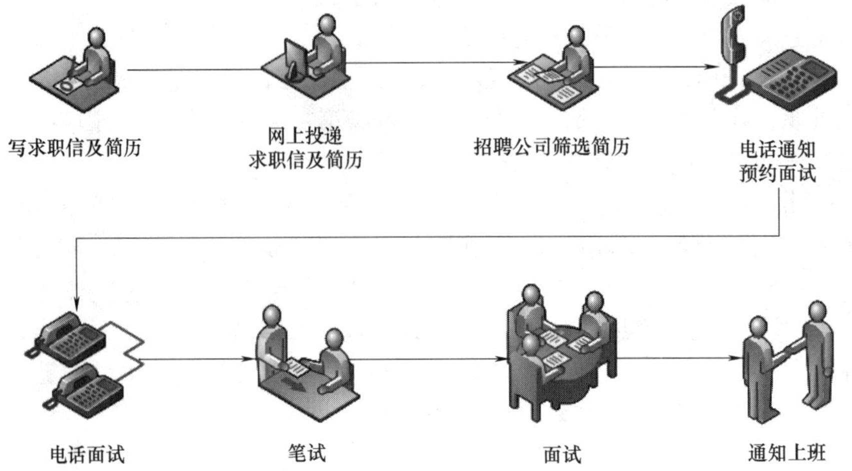

电话面试流程

12. 视频面试

求职者在进行视频面试时，要特别注意以下几个细节。

（1）准备　准备一个摄像头和一个耳麦；如果你使用的是传声器和音箱，建议在使用中，别把传声器对着音箱，否则会产生回音，二者的距离最好稍远一点。不要让强光直接对着摄像头的镜头，应该采用柔和一点的明亮的灯光，这样才能在使用过程中达到好的效果。

（2）服饰准备　虽然视频面试是通过视频进行的，但着装仍然很重要。大家要尽量做到干净整洁、朴实大方、和谐得体，符合职校生身份，给面试官一个良好的印象。调整好摄像头，把自己最具风采的一面展示给面试官。

（3）谈吐要礼貌，要充分展示自我，做好自我介绍　由于视频招聘更多的是通过语音聊天来展示自己的，要特别注意谈吐。在视频过程中有可能出现没有听清的情况或者视频突然断掉，要非常有礼貌地解释清楚，其实这个时候你的反应也许就会成为面试官判断的标准。做自我介绍时要重点突出，有的放矢。

（4）注意细节　虽然在视频面试过程中不像传统面试那样整个人在面试官的注意之下，但是面试官仍然有可能通过你的一颦一笑、一举一动来判断你的素质，所以要注意细节。

（5）其他　在面试过程中，眼睛要直视对方，目光游移不定会影响面试官对你的信赖，要注意口齿清晰，做到思维有条理。

在视频面试过程中，面试官会向应聘者发问，而应聘者的回答将成为面试官决定是否录用应聘者的重要依据。对应聘者而言，了解这些问题背后的意义至关重要。以下对视频面试中经常出现的一些典型问题进行了整理，并给出相应的回答思路和参考答案。应聘者无须过分关注分析的细节，关键是要从这些分析中悟出视频面试的规律及回答问题的思维方式，达到活学活用。

【课后练习题】

一、简答题

1. 面试前的心理准备有哪些?
2. 导致求职失败的心态有哪些?
3. 求职时怎样才能保持良好的心态?
4. 应届生如何准备出色的简历?
5. 网上投递简历有哪些技巧?
6. 怎样解决自我盘点中的劣势和缺点?
7. 怎样确定合理的就业目标和择业标准?

二、讨论问题（供学生们讨论）

1. 面试之前应做哪些准备?
2. 面试时怎样包装自己?
3. 面试有哪些技巧?
4. 面试时怎样自我介绍?
5. 面试时的综合能力考核有哪些?

三、案例练习

问题一：请你自我介绍一下

问题二：谈谈你的家庭情况

问题三：你有什么业余爱好

问题四：谈谈你的缺点

问题五：谈一谈你的一次求职失败经历

问题六：你为什么选择我们公司

问题七：如果我录用你，你将怎样开展工作

问题八：我们为什么要录用你

问题九：你能为我们做什么

问题十：你是应届毕业生，缺乏经验，如何能胜任这项工作

附录

与在校学习生活密切相关的一些事

第一部分 学生日常行为规范

作为一名职业院校的学生一定要学会控制自己的情绪，不做违反校规校纪的事情，无论是中等职业学校的学生，还是高等职业学院的学生都要了解国家教育部门对学生日常行为规范的规定，掌握本学校的学生行为规范的规定和校规校纪。

各学校都对学生的日常行为进行严格规范，并以文件的形式下发，要求学生学习。即使文字表达不完全一样，但是内容都是大同小异的。本书只做一般性的介绍。

一、学生日常行为规范

（一）自尊自爱，注重仪表

1. 维护国家荣誉，尊敬国旗、国徽，会唱国歌，升降国旗、奏唱国歌时要肃立、脱帽、行注目礼。

2. 穿戴整洁、朴素大方，不烫发，不化妆，不佩戴首饰，男生不留长发，女生不穿高跟鞋。

3. 讲究卫生，养成良好的卫生习惯。不随地吐痰，不乱扔废弃物。

4. 举止文明，不说脏话，不骂人，不打架，不赌博。不涉足未成年人不宜的活动和场所。

5. 情趣健康，不看色情、凶杀、暴力、封建迷信的书刊、音像制品，不听不唱不健康歌曲，不参加迷信活动。

6. 爱惜名誉，拾金不昧，抵制不良诱惑，不做有损人格的事。

7. 注意安全，防火灾、防溺水、防触电、防盗、防中毒等。

（二）诚实守信，礼貌待人

1. 平等待人，与人为善。尊重他人的人格、宗教信仰、民族风俗习惯。谦恭礼让，尊老爱幼，帮助残疾人。

2. 尊重教职工，见面行礼或主动问好，回答师长问话要起立，给老师提意见态度要诚恳。

3. 同学之间互相尊重、团结互助、理解宽容、真诚相待、正常交往，不以大欺小，不欺侮同学，不戏弄他人，发生矛盾多做自我批评。

4. 使用礼貌用语，讲话注意场合，态度友善，要讲普通话。接受或递送物品时要起立并用双手。

5. 未经允许不进入他人房间、不动用他人物品、不看他人信件和日记。

6. 不随意打断他人的讲话，不打扰他人学习、工作和休息，妨碍他人要道歉。

7. 诚实守信，言行一致。答应他人的事要做到，做不到时表示歉意，借他人的钱物要及时归还。不说谎，不骗人，不弄虚作假，知错就改。

8. 上、下课时起立向老师致敬，下课时，请老师先行。

（三）遵规守纪，勤奋学习

1. 按时到校，不迟到，不早退，不旷课。

2. 上课专心听讲，勤于思考，积极参加讨论，勇于发表见解。

3. 认真预习、复习，主动学习，按时完成作业，考试不作弊。

4. 积极参加生产劳动和社会实践，积极参加学校组织的其他活动，遵守活动的要求和规定。

5. 认真值日，保持教室、校园整洁、优美。不在教室和校园内追逐、打闹、喧哗，维护学校良好秩序。

6. 爱护校舍和公物，不在黑板、墙壁、课桌、布告栏等处乱涂刻画。借用公物要按时归还，损坏东西要赔偿。

7. 遵守宿舍和食堂的制度，爱惜粮食，节约水电，服从管理。

8. 正确对待困难和挫折，不自卑，不嫉妒，不偏激，保持心理健康。

（四）勤劳俭朴，孝敬父母

1. 生活节俭，不互相攀比，不乱花钱。

2. 学会料理个人生活，自己的衣物、用品收放整齐。

3. 生活有规律，按时作息，珍惜时间，合理安排课余生活，坚持锻炼身体。

4. 经常与父母交流生活、学习、思想等情况，尊重父母的意见和教导。

5. 外出和到家时，向父母打招呼，未经家长同意，不得在外住宿或留宿他人。

6. 体贴帮助父母长辈，主动承担力所能及的家务劳动，关心照顾兄弟姐妹。

7. 对家长有意见要有礼貌地提出，讲道理，不任性，不耍脾气，不顶撞。

8. 待客热情，起立迎送。不影响邻里正常生活，邻里有困难时主动关心帮助。

（五）严于律己，遵守公德

1. 遵守国家法律，不做法律禁止的事。

2. 遵守交通法规，不闯红灯，不违章骑车，过马路走人行横道，不跨越隔离栏。

3. 遵守公共秩序，乘公共交通工具主动购票，给老、幼、病、残、孕及师长让座，不争抢座位。

4. 爱护公用设施、文物古迹，爱护庄稼、花草、树木，爱护有益动物和生态环境。

5. 遵守网络道德和安全规定，不浏览、不制作、不传播不良信息，慎交网友，不进入营业性网吧。

6. 珍爱生命，不吸烟，不喝酒，不滥用药物，拒绝毒品。不参加各种名目的非法组织，不参加非法活动。

7. 公共场所不喧哗，瞻仰烈士陵园等相关场所保持肃穆。

8. 观看演出和比赛，不起哄滋扰，做文明观众。

9. 见义勇为，敢于斗争，对违反社会公德的行为要进行劝阻，发现违法犯罪行为及时报告。

二、职业院校学生日常行为规范

职业院校是为国家培养人才的场所，是建设社会主义精神文明的阵地，应当成为全社会讲文明、讲礼貌的楷模。制定《在校生日常行为规范》不仅有助于促进良好风气的形成，而且有利于青年学生优良品德的培养。

（一）校园内

1. 学生平时要注意仪表整洁、举止有礼。师生见面，应主动打招呼行礼，如“老师好”“您好”。同学之间，每日初次见面，也要以礼相待，相互问好。

2. 行走时，要注意姿势，遵守规则，同老师相遇，应让老师先行。遇到年老体弱的教师在做较重的体力劳动时，应主动帮忙。

3. 进办公室应先敲门或打招呼，经老师允许后方可入内。进办公室不要随便翻阅办公桌上的东西。如果需要翻看有关书刊，应先征得教师或办公室工作人员的同意。

4. 要爱护公共财物，爱护学校的一草一木，不折花，不践踏草坪，自觉维护校园绿化、美化、香化、净化。

5. 过好健康的业余文化生活，不得介绍、购买、出借、传阅内容反动和淫秽的书刊、图片、音像制品等。遵守校园网络的有关规定，文明上网。

6. 保持校内环境的安静，不在宿舍区和教学、科研、办公区内进行影响师生工作、学习和休息的体育、文娱活动，午休、晚自习和上课时间不在教室或宿舍举办舞会。

7. 要珍惜学校的荣誉，不做有损学校荣誉的事，毕业离校时，要为母校留下珍贵的纪念。在校学生要爱护校友毕业前留下的纪念标志。

8. 在上课铃响之前，学生应先进教室，做好准备，静候老师前来上课。若迟到，应在教室外向老师行礼报告，得到任课老师允许后方可进入教室。上课教师宣布上课，同学全部起立，行注目礼。上课要专心听讲，不做与课本无关的事，如对老师讲授的内容有疑问，不要随便打断老师的讲课，可先将疑点记录下来，待老师讲授告一段落后，再举手提问，亦可在课后或辅导课时向老师请教。

9. 上课时应保持仪容整洁、衣着大方，夏天不得穿背心、三角裤头、拖鞋进入教室。

10. 对课堂教具、设备、墙壁、门窗等应备加爱护，不要随便移动，不得污染或损害。在教室里要爱护照明设备、节约用电，离开教室时应随手关灯。

11. 教室内外要保持清洁，不得随地吐痰，乱扔纸屑、果皮等杂物。

12. 上、下课时，走动、移动桌椅动作要轻，避免发生嘈杂声，影响其他班级学习。

（二）图书馆

1. 图书馆开放时要有秩序地进馆，夏天不准穿背心、三角裤头、拖鞋等进阅览室，如穿脚底钉有铁掌的皮鞋入室时，要尽量放轻脚步，以免影响他人。

2. 借阅图书时不要乱翻乱扔，应保持原有摆放顺序。

3. 不要替他人代占座位，也不要强占暂时离开的读者的座位。对于阅览室里的书刊，阅后应及时插入原处，不要一人同时占用几本杂志，以妨碍其他同学借阅。

4. 不在图书杂志上乱写乱画，更不得拆撕书刊。

（三）会场上

1. 准时参加会议，不迟到、不无故缺席。

2. 自觉维护会场秩序，服从会议统一指挥，遵守会场纪律，尊重讲话人、报告人的劳动，不做与会议无关的事情。

3. 爱护公共设施，保持会场清洁卫生，不吃果壳食物，不随地吐痰和口香糖，不乱扔废弃物。

4. 因故迟到或中途出场时动作要轻，不弄响桌椅，以免影响他人。

5. 散会时，有秩序地离开会场，不要抢先、拥挤，避免造成混乱和意外事故。

（四）运动场

1. 参观比赛要遵守有关运动规则。

2. 做文明观众，观看球赛或其他比赛时，要尊重裁判和工作人员，自觉遵守并维护运动场的秩序，要为双方的精彩表演鼓掌，不要鼓倒掌、喝倒彩。

（五）食堂

在食堂一定要遵守秩序。

1. 就餐者要遵守食堂就餐时间，要自觉排队，不得插队和拥挤。

2. 就餐时不要将脚跷在凳子上，不准在桌凳上乱写乱画，要讲究卫生，保持食堂清洁。要爱惜粮食，吃剩的饭菜应倒入泔水缸，不得随便乱倒。不要将饭菜端回宿舍用餐。

3. 尊重老师，不在教工窗口排队，不到教工餐厅用餐。

4. 学生要尊重工人的劳动，平时见到工人要热情地招呼，要配合和帮助工人师傅搞好食堂工作。

（六）宿舍

1. 自觉遵守宿舍管理各项规章制度，服从管理、主动配合有关人员的检查。遇到停水停电等突发事件时要保持安静和冷静，通过学生干部或管理、值班人员及时解决问题，严禁起哄滋事，严防发生意外。

2. 宿舍内要加强团结，互相关心，互相爱护，互相帮助，相邻宿舍的同学要互相尊重、友好交往。

3. 遵守作息制度，按时起床，按时就寝，晚间迟归宿舍要主动进行登记。在自习或别人休息时，动作要轻，打电话时要节约时间、控制音量。不得在宿舍区喧哗、打闹，不得放大录音机、收音机的音量，严禁偷听敌台，严禁看“黄”。

4. 宿舍里要注意语言美，不讲脏话、粗野的话，严禁将易燃、易爆的物品带回宿舍，宿舍内严禁烧酒精炉、煤油炉、点蜡烛，严禁使用电炉、电烙铁等电热设备，严禁私接电源，不准自行留客住宿。不得抽烟、酗酒。

5. 增强自我防范意识，提高警惕，防火防盗。休息或外出时要关锁好门、窗，玻璃坏了要及时报修。发现可疑人员要立即询问、报告，确保宿舍治安安全。

6. 注意公共卫生和宿舍卫生，起床后要及时叠好被子，注意床上整洁，床下鞋子要放整齐。不要随地吐痰，随地小便，乱抛果皮纸屑，更不得将剩饭菜、瓜果皮壳倒在水池里、室内外、走廊里，垃圾一律倒入垃圾篓。宿舍卫生值周工作要正常。

（七）待人接物

1. 遇见他人写信，或阅读信件，不要偷看或强行拆阅，不要随便打听来信的对象和内容，不要私拆他人信件。

2. 代传他人的书信要原封不动地转交，不要因集邮等原因而损毁他人的邮件。

3. 有客人敲门或打招呼问询时，应回答“请进”或到门口相迎，客人进屋，主人应放下手中的工作，起身热情迎接。待客应让座、敬茶。

4. 男女生之间要文明交往、举止得体。与他人交谈时应避免不礼貌的口头语，应注意谈吐文明、措辞雅洁、行为雅观。

5. 尊重外地人，遇有问路人，认真指引。尊重他人的人格、宗教信仰和民族习惯，维护国家荣誉和学校形象，遇见外宾，以礼相待，不卑不亢。

（八）其他

1. 观看电影、演出，应准时入场，对号入座。如果迟到，询问排号要低声，穿过座位时应表示歉意。做文明观众，严禁起哄滋事。

2. 乘公共电、汽车主动购票，给老、幼、病、残、孕及师长让路、让座，不争抢座位。

3. 遵守交通规则，注意交通安全，不违章骑车，过马路走人行横道。

4. 遵守公共秩序，购票购物按顺序，对营业人员有礼貌。

5. 参观博物馆、纪念馆要遵守秩序，未经同意，不可触摸设备和展品。瞻仰烈士陵墓应保持肃穆。

6. 爱护公共设施、文明古迹。爱护庄稼、花草、树木。保护有益动物。

7. 节制浪费，穿戴整洁，朴素大方。

8. 见义勇为，对违反社会公德的行为，要进行劝阻。

（九）信息网络

1. 遵守宪法的基本原则和相关法规的规定，不散布、传播谣言，不浏览、发布不良信息。

2. 弘扬优秀民族文化，遵守网络道德规范，诚实友好交流，不侮辱、欺诈和诽谤他人，不侵犯他人的合法权利。

3. 自觉维护公共信息安全，维护公共网络安全，不制作、传播计算机病毒，不非法侵入计算机信息系统，自觉维护网络秩序。

4. 正确运用网络资源，善于网上学习，不沉溺于虚拟时空，不在网上进行色情活动，保持身心健康。

5. 增强自我保护意识，不在网上公开个人资料，不随意约见网友，不参加无益身心健康的网络活动。

第二部分　学籍管理和考核

作为一名职业学校的学生有必要了解入学与注册、考核与成绩记载、转专业与转学和退学等学籍管理方面的知识。

对高职学生和对中职学生的学籍管理和相应的考核，在教育部 2005 年 2 月发布并在 2005 年 9 月 1 日起施行的《普通高等学校学生管理规定》及 2010 年颁布并实施的《中等职业学校学生学籍管理办法》中都有相应的规定。

1. 入学与注册

按国家招生规定录取的新生，持录取通知书，按学校有关要求和规定的期限到校办理入学手续。因故不能按期入学者，应当向学校请假。未请假或者请假逾期者，除因不可抗力等正当事由以外，视为放弃入学资格。

新生入学后，学校在三个月内按照国家招生规定对其进行复查。复查合格者予以注册，取得学籍。复查不合格者，由学校区别情况，予以处理，直至取消入学资格。

凡属弄虚作假、徇私舞弊取得学籍者，一经查实，学校应当取消其学籍。情节恶劣的，应当请有关部门查究。

对患有疾病的新生，经学校指定的二级甲等以上医院（下同）诊断不宜在校学习的，可以保留入学资格一年。保留入学资格者不具有学籍。在保留入学资格期内经治疗康复，可以向学校申请入学，由学校指定医院诊断，符合体检要求，经学校复查合格后，重新办理入学手续。复查不合格或者逾期不办理入学手续者，取消入学资格。

每学期开学时，学生应当按学校规定办理注册手续。不能如期注册者，应当履行暂缓注册手续。未按学校规定缴纳学费或者其他不符合注册条件的不予注册。家庭经济困难的学生可以申请贷款或者其他形式资助，办理有关手续后注册。

2. 考核与成绩记载

学生应当参加学校教育教学计划规定的课程和各种教育教学环节（以下统称课程）的考核，考核成绩记入成绩册，并归入本人档案。

考核分为考试和考查两种。考核和成绩评定方式，以及考核不合格的课程是否重修或者补考由学校规定。

学生思想品德的考核、鉴定，要以《高等学校学生行为准则》为主要依据，采取个人小结、师生民主评议等形式进行。

学生体育课的成绩应当根据考勤、课内教学和课外锻炼活动的情况综合评定。

学生学期或者学年所修课程或者应修学分数以及升级、跳级、留级、降级、重修等要求，由学校规定。

学生可以根据学校有关规定，申请辅修其他专业或者选修其他专业课程。学生可以根据校际间协议跨校修读课程。在他校修读的课程成绩（学分）由本校审核后予以承认。

学生严重违反考核纪律或者作弊的，该课程考核成绩记为无效，并由学校视其违纪或者作弊情节，给予批评教育和相应的纪律处分。给予警告、严重警告、记过及留校察看处分的，经教育表现较好，在毕业前对该课程可以给予补考或者重修机会。

学生不能按时参加教育教学计划规定的活动，应当事先请假并获得批准。未经批准而缺席者，根据学校有关规定给予批评教育，情节严重的给予纪律处分。

3. 转专业与转学

学生可以按学校的规定申请转专业。学生转专业由所在学校批准。学校根据社会对人才需求情况的发展变化，经学生同意，必要时可以适当调整学生所学专业。

学生一般应当在被录取学校完成学业。如患病或者确有特殊困难，无法继续在本校学习的，可以申请转学。但是学生有下列情形之一，不得转学：①入学未满一学期的；②由招生时所在地的下一批次录取学校转入上一批次学校、由低学历层次转为高学历层次的；③招生时确定为定向、委托培养的；④应予退学的；⑤其他无正当理由的。

学生转学，经两校同意，由转出学校报所在地省级教育行政部门确认转学理由正当，可以办理转学手续；跨省转学者由转出地省级教育行政部门商转入地省级教育行政部门，按转学条件确认后办理转学手续。须转户口的由转入地省级教育行政部门将有关文件抄送转入校所在地公安部门。

4. 休学与复学

学生可以分阶段完成学业。学生在校最长年限（含休学）由学校规定。

学生申请休学或者学校认为应当休学者，由学校批准，可以休学。休学次数和期限由学校规定。

学生应征参加中国人民解放军（含中国人民武装警察部队），学校应当保留其学籍至退役后一年。

休学学生应当办理休学手续离校，学校保留其学籍。学生休学期间，不享受在校学习学生待遇。休学学生患病，其医疗费按学校规定处理。

学生休学期满，应当于学期开学前向学校提出复学申请，经学校复查合格，方可复学。

5. 退学

学生有下列情形之一，应予退学：

（1）学业成绩未达到学校要求或者在学校规定年限内（含休学）未完成学业的。

（2）休学期满，在学校规定期限内未提出复学申请或者申请复学经复查不合格的。

（3）经学校指定医院诊断，患有疾病或者意外伤残无法继续在校学习的。

（4）未请假离校连续两周未参加学校规定的教学活动的。

（5）超过学校规定期限未注册而又无正当事由的。

（6）本人申请退学的。

对学生的退学处理，由校长会议研究决定。对退学的学生，由学校出具退学决定书并送交本人，同时报学校所在地省级教育行政部门备案。退学的学生，按学校规定期限办理退学手续离校，档案、户口退回其家庭户籍所在地。

6. 毕业、结业与肄业

学生在学校规定年限内，修完教育教学计划规定内容，德、智、体达到毕业要求，准予毕业，由学校发给毕业证书。

学生在学校规定年限内，修完教育教学计划规定内容，未达到毕业要求，准予结业，由学校发给结业证书。结业后是否可以补考、重修或者补做毕业设计、论文、答辩，以及是否颁发毕业证书，由学校规定。对合格后颁发的毕业证书，毕业时间按发证日期填写。

符合学位授予条件者，学位授予单位应当颁发学位证书。

学满一学年以上退学的学生，学校应当颁发肄业证书。

学校应当执行高等教育学历证书电子注册管理制度，每年将颁发的毕（结）业证书信息报所在地省级教育行政部门注册，并由省级教育行政部门报国务院教育行政部门备案。

对违反国家招生规定入学者，学校不得发给学历证书、学位证书；已发的学历证书、学位证书，学校应当予以追回并报教育行政部门宣布证书无效。

毕业、结业、肄业证书和学位证书遗失或者损坏，经本人申请，学校核实后应当出具相应的证明书。证明书与原证书具有同等效力。

第三部分　如何申请助学金和减免学费

为体现党和政府对普通本科高校、高等职业学校家庭经济困难学生的关怀，帮助他们顺利完成学业，根据《国务院关于建立健全普通本科高校、高等职业学校和中等职业学校家庭经济困难学生资助政策体系的意见》（国发〔2007〕13 号）有关精神，2007 年6 月27 日财政部、教育部制定了《普通本科高校、高等职业学校国家助学金管理暂行办法》。在此办法中明确规定了有关高职学生助学金的相关内容。

（一）资助标准与申请条件

国家助学金主要资助家庭经济困难学生的生活费用开支。国家助学金的平均资助标准为每生每年2000 元，具体标准在每生每年1000 ~3000 元范围内确定，可以分为2 ~3 档。中央高校国家助学金分档及具体标准由财政部商有关部门确定，地方高校国家助学金分档及具体标准由各省（自治区、直辖市）确定。

国家助学金的基本申请条件：

1. 热爱社会主义祖国，拥护中国共产党的领导。

2. 遵守宪法和法律，遵守学校规章制度。

3. 诚实守信，道德品质优良。

4. 勤奋学习，积极上进。

5. 家庭经济困难，生活俭朴。

（二）名额分配与预算下达

每年5 月底前，中央主管部门和各省（自治区、直辖市）要根据国家确定的有关原则和本办法第三条、第五条的规定，提出所属高校国家助学金名额分配建议方案，报财政部、教育部。

财政部、教育部委托全国学生资助管理中心对中央主管部门和各省（自治区、直辖市）报送的国家助学金名额分配建议方案进行审核。

每年7 月31 日前，财政部、教育部结合全国学生资助管理中心审核意见，将国家助学金分配名额和预算下达中央主管部门和省级财政、教育部门。

每年9 月1 日前，中央主管部门和省以下财政、教育部门负责将国家助学金预算下达所属各高校。

（三）申请与评审

1. 国家助学金申请与评审工作由高校组织实施。高校要根据本办法的规定，制定具体评审办法，并报中央主管部门或省级教育部门备案。高校在开展国家助学金评审工作中，要对农林水地矿油核等国家需要的特殊学科专业学生予以适当倾斜。

2. 国家助学金按学年申请和评审。

3. 每年9 月30 日前，学生根据本办法规定的国家助学金的基本申请条件及其他有关规定，向学校提出申请，并递交《普通本科高校、高等职业学校国家助学金申请表》。

在同一学年内，申请并获得国家助学金的学生，可同时申请并获得国家奖学金或国家励志奖学金。试行免费教育的教育部直属师范院校师范类专业学生，不再同时获得国家助学金。

4. 高校学生资助管理机构结合本校家庭经济困难学生等级认定情况，组织评审，提出享受国家助学金资助初步名单及资助档次，报学校领导集体研究通过后，于每年11月15日前，将本校当年国家助学金政策的落实情况按隶属关系报至中央主管部门或省级教育部门备案。

第四部分　军训和国防教育

在高校开展军训已有二十几年历史了，军训早已成为各高校教学体系的一部分。现在中等职业学校也开始把军训作为必修课程之一。军训是一种增强国防教育的手段，也是大一学生的必修课，一般规定是3个学分。大部分学校会安排新生开学前进行军训，少部分学校会安排第二年的暑前后进行，时间一般是15天。新生军训会配发（学生购买）全部军训训练服和用品，包括：军装（含帽）衬衣、领带、军鞋、武装带、背包带等，一般学校都会选用迷彩服。

（一）军训的目的和意义

对学生实施军事训练，是为了全面贯彻党的教育方针，改革教育内容，全面提高学生素质，提高学生的思想政治觉悟，激发爱国热情，增强国防观念和国家安全意识；进行爱国主义、集体主义和革命英雄主义教育，增强学生的组织纪律观念，培养艰苦奋斗的作风，提高学生的综合素质。

学生军训是全民国防教育的重要组成部分，也是学校开展国防教育、培养高素质人才的重要形式。其重要意义在于：

1）开设军事课程是国家法律赋予高校的义务，我国已经迈向依法治国和以德治国的健康轨道，增强法律观念是大学生应具备的基本素质。军训能够促进学生德、智、体全面发展，使之树立科学的人生观、世界观、价值观，培养坚强的意志。

2）可以为国家培养高素质的国防后备力量，有利于加强国防后备力量建设，对做好未来反侵略战争准备具有战略意义。

3）有利于激发学生爱国卫国意识，对加速综合国力的建设具有深远的意义。

4）有利于增强“国无防不立，无兵不安”的观念，提高全民族的国防意识。

5）有利于增强对大学生入伍的工作组织和安排。通过军事课程的学习，可增强大学生的国防观念，培养其国防精神，这有利于做好征集大学生的入伍工作。征集高文化素质青年入伍，是适应军队现代化建设的需要，是提高兵员素质的重要举措。2001年，国务院、中央军委修订后的《征兵工作条例》第25条规定：依法可以缓征的正在全日制高等学校就学的学生，本人自愿应征并符合条件的，可以批准服现役，并保留学籍。根据文件精神，对在校大学生应征入伍的有关政策如下：①征集对象为本人自愿入伍的男性学生，并可征集部分女性学生。②学校应尽可能安排所学课程考试或视平时学习情况给予免试，可以直接确定成绩和学分，并保留学籍到退役后一年内。③对已修完课程和学分，符合毕业条件的，学校可准予毕业。④入伍后，有条件的可以参加原校组织的函授或自学原专业课程，经部队团级单位批准，可以参加学校组织的考试。⑤被批准入伍后，已交学杂费的剩余部分，根据本人自愿，可退还本人或由学校保管。⑥退役后复学，家庭困难的，由学校酌情减免学费；入伍前在校享受奖学金的，复学后提高一个奖学金等级（不含一等奖学金）；对荣立一次三等功奖励的，复学后按不低于50%的标准减免学费；荣立两次三等功或荣立二等功、一等功、被授予荣誉称号的，复学后免交全部学费。⑦退役后复学，对专科升本科、本科报研究生的，在同等条件下优先录取；在部队荣立三等功以上奖励的，原是专科生的可申请转入本校同专业或相近专业的本科学习；荣立二等功以上奖励的，所学本科专业毕业后，可免试保送所学专业研究生。⑧入伍服役期间，其家属享受军属待遇。⑨退役后复学的大学生，如本人愿意，且符合相关条件，在校学习期间应优先选拔为国防生或毕业后直接接收补充军队干部队伍。⑩退役后，不愿复学的大学生，由入学前户口所在地的退伍军人安置机构负责接收，并按照城镇退役士兵的规定安置。这些优惠的政策，吸引了全国高等学校的大学生，在校大学生步入军营，使进入部队的新兵文化程度构成有了新的提高，这是我国走科技强军的步骤之一，也是加强我国国防现代化建设的重要措施。

（二）军训的内容

队列是军人进行集体活动必需的组织形式，军训学生的必修课。通过严格的单个军人队列动作、队列队形、分列式和阅兵式训练，熟练掌握单个军人队列动作和队列队形动作要领，具有自觉用条令要求规范行为举止的能力，养成良好的军旅生活习惯。

主要训练内容有：①稍息；②立正；③跨立；④停止间转法；⑤三大步伐的行进与立定；⑥步法变换；⑦坐下、蹲下、起立；⑧脱帽、戴帽、敬礼；⑨整理着装、整齐报数；⑩分列式训练；⑪阅兵式训练；⑫唱军歌。

（三）国防教育

国防教育是为捍卫国家主权、领土的完整和安全，防御外来侵略、颠覆威胁的建设与斗争，对全民传授与国防有关的思想、知识、技能的社会活动是国防建设的重要组成部分，包括为增进全民的国防思想、国防知识、国防技能和身体素质，以及有利于形成和增强国防观念、国防能力的各种类型的社会活动。

1. 国防教育的内容和目的

“国家通过开展国防教育，使公民增强国防观念，掌握基本的国防知识，学习必要的军事技能，激发爱国热情，自觉履行国防义务。”国防观念是指人们对国防的认识和态度；国防知识是指有关国防的基本理论、常识；军事技能训练包括学习防原子、防化学、防生物武器知识和个人防护器材的使用，人民防空知识和战场救护知识常识，开展射击、投弹、刺杀等军事训练活动，以及越野、跳伞、滑翔、航海、驾驶等军事体育运动。

因此，国防教育作为一门相对独立完整的教育学科，其内容是十分丰富的。可以说，凡是与国防有关的理论、知识、精神等，都是国防教育内容的组成部分。从完整性和系统性两个方面来讲，国防教育主要包括：①国防理论。国防理论教育是较高层次的国防教育，大体上包括国防地位和作用、国防构成、国防建设三个方面的理论。②国防历史。任何一个国家和民族的历史都有灿烂和曲折两个方面，正确运用正反两个方面的历史经验对后人进行教育，可以起到激励精神、催人奋进的作用，国防历史教育最有震撼力和影响力。③国防常识。国防常识是指国民应该了解的国防方面的一些基本知识，包括国家防卫知识，如领土、领海、领空的基本概念，防卫的重要意义及基本原则等；现代战争的基本特点、战时动员对国民的要求，以及形势战备、国防建设等方面的一些知识，如人民解放军、武装警察部队、民兵、预备役部队的主要职责任务，国防科普知识等。④国防精神。国防精神教育是国防教育的中心内容，主要包括爱国主义精神教育、尚武精神教育和革命英雄主义精神教育三个方面。此外，国防法制、国防科技、国防经济、国防外交与形势、国防体育等也是国防教育的重要内容。国防教育的这些内容相互联系、相互渗透、相互促进，其核心是爱国主义教育，国防教育的目的是使公民“激发爱国热情，自觉履行国防义务”。

2. 我国的国防教育方针

《国防法》和《国防教育法》都明确规定，我国国防教育的方针是：“全民参与、长期坚持、讲求实效。”这是开展国防教育的总的指针。正确把握国防教育方针的精神实质，是开展国防教育的思想基础。

(1)“全民参与”规定的是教育者和受教育者的广泛性　首先，国防教育的对象是全体公民。“中华人民共和国公民都有接受国防教育的权利和义务。”我们的国家是全体人民的国家，保卫国防是全体公民的责任，接受国防教育，是每一个公民的权利与义务。参与国防教育，就像保卫国家一样，必须坚持动员群众、全民参与。

“全民参与”是指国防教育人人有责。不同类型的人员，虽有教育内容的差别，但却没有不接受国防教育的公民。为了对全体公民实施国防教育，我国有关法规，根据公民的年龄差别和教育环境的不同，把教育对象区分为社会国防教育与学校国防教育、国防教育的重点对象和关键对象。这样做的目的，主要是为了提高国防教育的效果，而不能说明有不接受国防教育的人员。

在国防教育活动中，每一个公民，都必须接受一定形式的国防教育。不接受国防教育是缺乏国防意识的表现；拒绝接受国防教育，就要受到相应的法律制裁。

其次，每一个公民都有参与国防教育的权利。国防教育方针赋予受教育者对他人进行国防教育的权利，即任何具备一定国防知识的公民都可参与、支持和监督国防教育活动。既可以向别人传授国防知识，也可以在法律允许的范围内组织国防教育活动，还可以对社会、学校开展国防教育活动的情况进行监督。发现违反《国防法》《国防教育法》的单位和个人，有权提出批评指正，甚至诉诸法律。

全民参与的国防教育方针与“坚持全民自卫”的国家防御原则是完全一致的。我国的国防是人民的国防，国防的力量源泉在于人民的支持。因此，只有在国防教育中贯彻“全民参与”方针，才能使人民充分认识国防与切身利益的关系，进而积极支持国防、建设国防。

(2)“长期坚持”规定的是国防教育的持久性　国防教育不是时尚行为，而是一种扎实持久的公民教育活动。它与国家同在，与国防安全同存。作为国防建设重要组成部分的国防教育，不管是在紧张时期，还是在缓和时期，不论是在战争时期，还是在和平时期，都要始终坚持，不得松懈。

由于国防教育与国家安全紧密相连，当国际局势紧张或处于战争状态时，人们更容易理解国防教育的意义，也更便于组织国防教育。但在和平环境下，人们往往忽视国防教育的意义。其实，越是在和平环境下，越应该抓紧、抓好国防教育。古人云，“天下虽安，忘战必危。”强调的就是在和平环境下，不忘国防与备战。国防教育的“长期坚持”方针，在和平环境下有更加重要的意义。

(3)“讲究实效”规定的是国防教育效果问题　国防教育是广泛、持久的社会教育行为，容易出现走过场、图热闹的情况。因此，《国防教育法》特别把讲究实效写进了国防教育方针。在全民国防教育中，要“讲究实效”，就必须有一定的措施和方法。对此，《国防教育法》和相关法规也做了具体规定。

首先，制定教育大纲。国防教育大纲是指导全民国防教育的依据，是规范国防教育内容的根据。有了全民国防教育大纲，国防教育就可以有实施计划、有阶段性目标、有具体步骤地持续开展下去。

《国防教育法》还规定，各有关部门，应根据国防教育大纲，编写适用于不同地区、不同对象的国防教育教材。这是指导国防教育的措施，也是讲究实效的具体行动。

其次，规定教育责任。开展国防教育不仅要规定任务，还应明确责任。有了明确的分工和具体责任，国防教育才能抓出实效。为了确保国防教育出实效，《国防教育法》规定了各级国防教育机构的责任。比如，规定“国家国防教育工作机构规划、组织、指导、协调全国国防教育工作。”“县级以上地方负责国防教育工作的机构组织、指导、协调和检查本行政区域内的国防教育工作。”还规定“教育行政部门应当将国防教育列入工作计划，加强对学校国防教育的组织、指导和监督。”如果按照《国防教育法》的规定，各负其责地抓国防教育，那么，国防教育就一定能够出“实效”。

再次，规范教育内容。《国防教育法》规定，国防教育要“针对不同对象确定相应的教育内容”。这也是“讲求实效”的具体方法。国防教育的对象，按其所处环境可分为学校国防教育和社会国防教育；按其职业、年龄、社会分工等，又可分为中小学生、高等学校学生、工人、农民和城乡居民、领导干部、国家公务员等。国防教育的内容丰富多彩、包罗万象。因此，如何针对不同的对象，规定不同的教育内容，就成为影响教育效果的重要问题。比如，小学生与大学生的教育内容应有差别；领导干部与普通市民的教育内容也不能完全等同。要想使国防教育“讲究实效”，就必须为不同的对象，确定符合其接受能力的教育内容。

最后，检查教育效果。对教育效果进行监督、检查，既是掌握教育效果的方式，又是“讲究实效”的手段。在以往的国防教育活动中，布置任务多，规定目标少；渲染、号召多，监督检查少；强调意义多，考核评估少。这种工作方式，很难有实际效果。

第五部分　自我保护的安全意识与应急措施

各职业院校为有效预防、及时控制和妥善处理各类突发公共事件，提高快速反应和应急处理能力，建立健全应急机制，确保学校师生的生命与财产安全和维护社会稳定，都详细制定了突发事件应急预案，应对突发事件、社会安全事件、公共卫生事件、事故灾害事件、自然灾害事件、影响学校安全与稳定的其他突发公共事件。新生入学后一定要了解学校的各项安全规则，同时要牢记各种紧急求助的电话，积极参加学校组织的应对各种突发事件的应急疏散演练，掌握紧急情况下的逃生技巧，自我保护技巧，自救互救的基础知识和技能，掌握遇到紧急情况时最基本的求助方式。

无论是校方还是家长都希望孩子在一个好的校园环境中生活，然而校园安全是靠多方努力才能实现的。只有大家齐心合力才能创造出和谐、安全和温馨的校园环境。

（一）常见的校园安全事故

校园安全与每个师生、家长和社会关系密切。从广义上讲，校园安全事故是指学生在校期间，由于某种偶然突发的因素而导致的伤害事件。就其特点而言，责任人一般是因为疏忽大意过失失职而不是因为故意而导致事故的发生。

校园常见的安全事故主要有以下几种：

1. 不当活动事故

不当活动事故是指学生在课余时间相互追逐、戏耍、打闹时不掌握分寸和方式方法，使用笔、石子、小刀、玩具等器械造成的伤害。

2. 挤压、践踏事故

挤压、践踏事故是指放学和下课时在楼道、门口等黑暗和狭窄的地方互相争先而造成的挤压、践踏等事故。学校楼房走廊栏杆的高度不符合要求，校园深水池，体育设备不定期检查、维修、更换，有些危房仍在使用，校园设施老化，这些都是造成挤压、践踏事故的安全隐患。

3. 交通事故

交通事故主要是指学生不走人行道、随意横穿马路、强行超道、高速骑车等造成的交通事故，以及乘坐货车或超载车辆而造成车翻人伤亡的事故。

4. 体育活动事故

体育活动事故主要是指在体育课上不遵守纪律或注意力不集中，随意活动，或使用体育器械时不得要领而造成的伤害。

5. 劳动或社会实践事故

劳动或社会实践事故是指在劳动或社会实践中，由于安全意识差，教师没有将安全事故的预见性放在首位而导致的安全事故。

6. 校园暴力事故

校园暴力事故主要是指由于学校安全保卫制度不健全、防范措施不得力，致使学生受到的校外不法之徒的侵害。哥们义气拉帮结伙，为小事摩擦使用武力，盲目消费导致偷盗，不良交往拉人下水，少数教师的体罚行为，这些都是造成校园暴力事故的安全隐患。

7. 消防事故

消防事故是指学生因取暖、用电、饮食不当而造成的火灾、触电、中毒等事故。其原因如下：一是侥幸心理严重，导致老化的供电线路和设施仍在凑合着使用，消防器材不足，楼房过道设计不符合消防规定等。二是消防知识缺乏，大多数师生不会使用灭火器，消防课极少上，发生火情更不知如何处理。三是管理措施松懈，如学生随便使用电器、煤气、蜡烛等易燃易爆物品。

8. 学生身体特殊事故

学生身体特殊事故是指因学生特殊疾病、特殊身体素质、异常心理状态受到意外冲击而造成的伤害。

9. 自然灾害事故

自然灾害事故是指学生因自救自护能力差，遇到暴风雨、地震、洪水等自然灾害时无法有效防卫造成的伤害。

10. 卫生事故

卫生事故是指因学校对卫生管理重视不够，工作机制不健全，工作措施不落实，特别是农村学校食堂基础设施条件落后、卫生设施差等问题造成的卫生安全事件。

11. 设施事故

设施事故是指学校因没有定时检查设施导致学校里发生的事故。

（二）校园安全教育

职业院校的学生大多数是住校生，远离家长，所以每所职业院校都把校园安全作为头等大事，这里我们只介绍学生应该怎样注意安全。同学们应从以下几方面入手：

1. 在教室内活动应注意的安全事项

在教室内活动，有许多看起来细微的事情值得同学们注意，否则，在教室里也同样容易发生危险。以下就是同学们需要注意的几点：

（1）防磕碰　目前大多数教室空间比较狭小，又置放了许多桌椅、饮水机等用品，所以不应在教室中追逐、打闹，做剧烈的运动和游戏，防止磕碰受伤。

（2）防滑、防摔　教室地板比较光滑的，要注意防止滑倒受伤；需要登高打扫卫生、取放物品时，要请他人加以保护，注意防止摔伤。

（3）防坠落　无论教室是否处于高层，都不要将身体探出阳台或者窗外，谨防不慎发生坠楼的危险。

（4）防挤压　教室的门、窗户在开关时容易夹到手，应当处处小心，要轻轻地开关门窗，此外还要先留意会不会夹到他人的手。

（5）防火灾　不带打火机、火柴、烟花爆竹、小鞭炮等危险物品进校园，杜绝玩火、燃放烟花爆竹等行为。

（6）防意外伤害　不带锥、刀、剪等锋利、尖锐的工具，图钉、大头针等文具，使用时必须有老师指导，用后应妥善存放起来，不能随意放在桌子上、椅子上，防止有人受到意外伤害。

2. 游泳时应注意的安全事项

游泳是一项十分有益的活动，有好多学生愿意游泳，但是游泳也存在着危险。要保证安全，应该做到：

1）游泳需要经过体格检查，患有心脏病、高血压、肺结核、中耳炎、皮肤病、严重沙眼等以及各种传染病的人不宜游泳。处在月经期的女同学也不宜去游泳。

2）要慎重选择游泳场所，到江河湖海去游泳，必须先了解水情，水中有暗流、旋涡、淤泥、乱石和水草较多的水域不宜作为游泳场所。来往船只较多、受到污染和血吸虫等病流行地区的水域也不宜游泳。

3）下水前要做准备运动，可以跑步、做做操，活动开身体，还应用少量冷水冲洗一下躯干和四肢，这样可以使身体尽快适应水温，避免出现头晕、心慌、抽筋现象。

4）饱食或者饥饿时，剧烈运动和繁重劳动以后不要游泳。

5）水下情况不明时，不要跳水。

6）发现有人溺水，不要贸然下水营救，应及时找人来相助。

3. 上体育课应注意的安全事项

无论是在高等职业院校还是在中等职业院校体育课都是一门锻炼身体的重要课程。体育课上的训练内容是多种多样的，因此安全上要注意的事项也因训练的内容、使用的器械不同而有所区别。

1）短跑等项目要按照规定的跑道进行，不能串跑道。这不仅仅是竞赛的要求，也是安全的保障。特别是快到终点冲刺时，更要遵守规则，因为这时人身体产生的冲力很大，精力又集中在竞技之中，思想上毫无戒备，一旦相互绊倒，就可能严重受伤。

2）跳远时，必须严格按老师的指导助跑、起跳。起跳前前脚要踏中木制的起跳板，起跳后要落入沙坑之中。这不仅是跳远训练的技术要领，也是保护身体安全的必要措施。

3）在进行投掷训练时，如投铅球、铁饼、标枪等，一定要按老师的口令行动，令行禁止，不能有丝毫的马虎。这些体育器材有的坚硬沉重，有的前端有尖利的金属头，如果擅自行事，就有可能击中他人或者自己被击中，造成受伤，甚至发生生命危险。

4）在进行单、双杠和跳高训练时，器材下面必须准备好厚度符合要求的垫子。如果直接跳到坚硬的地面上，会伤及腿部关节和后脑。做单、双杠动作时，要采取各种有效的方法，避免从杠上摔下来，使身体受伤。

5）在做跳马、跳箱等跨跃训练时，器材前要有跳板，器材后要有保护垫，同时要有老师和同学在器材旁站立保护。

6）前后滚翻、俯卧撑、仰卧起坐等垫上运动的项目，做动作时要严肃认真，不能打闹，以免发生扭伤。

7）参加篮球、足球等项目的训练时，要学会保护自己，不要在争抢中蛮干而伤及他人。在这些争抢激烈的运动中，自觉遵守竞赛规则对于安全是很重要的。

4. 出行要注意交通安全

1）人车分流，各行其道，在马路上要坚持靠右骑自行车或行走。

2）不准乘坐无牌无证的车辆。

3）横穿马路时，前后左右一定要看清楚。要严格按照规定行走或行驶。不和机动车辆抢道，做到宁停三分，不抢一秒。

4）不准三五成群横着行走，不准行走时一心两用，如边走边看书，或边走边聊天，或边走边玩，这样最容易发生交通事故。

5）骑自行车外出比起走路，不安全的因素增加了，需要注意的安全事项如下：①要经常检修自行车，保持车况完好。车闸、车铃是否灵敏、正常，尤其重要。②自行车的车型大小要合适，不要骑儿童玩具车上街，也不要人小骑大型车。③骑自行车要在非机动车道上靠右边行驶，不要逆行；转弯时不抢行猛拐，要提前减慢速度，看清四周情况，以明确的手势示意后再转弯。④经过交叉路口，要减速慢行，注意来往的行人、车辆；不闯红灯，遇到红灯要停车等候，待绿灯亮了再继续前行。⑤骑车时不要双手撒把，不多人并骑，不互相攀扶，不互相追逐、打闹。⑥骑车时不攀扶机动车辆，不载过重的东西，不骑车带人，不在骑车时戴耳机听广播。⑦要学习、掌握基本的交通规则知识。

5. 在学校注意防火的方法

在学校里也有防火安全问题，主要应当注意以下几点：

1）不带火柴、打火机等火种进入校园，也不带汽油、爆竹等易燃的物品进入校园。

2）实验课需要使用酒精灯和一些易燃的化学药品时，要在老师的指导下进行，并且严格按照操作要求去做，时刻小心谨慎，严防发生用火危险。

3）不随意焚烧废纸等。

4）打扫卫生时，要将枯枝落叶等垃圾做深埋处理或送往垃圾站场，不要采取点火烧掉的办法。

6. 紧急应对轻微火情的办法

形成火灾的，应及时报警。对突然发生的比较轻微的火情，同学们也应掌握简便易行的应付紧急情况的方法。

1）水是最常用的灭火剂，木头、纸张、棉布等起火，可以直接用水扑灭。

2）用土、沙子、浸湿的棉被或毛毯等迅速覆盖在起火处，可以有效地灭火。

3）用扫帚、拖把等扑打，也能扑灭小火。

4）油类、酒精等起火，不可用水去扑救，可用沙土或浸湿的棉被迅速覆盖。

5）煤气起火，可用湿毛巾盖住火点，迅速切断气源。

6）电器起火，不可用水扑救，也不可用潮湿的物品捂盖。水是导体，这样做会发生触电。正确的方法是首先切断电源，然后再灭火。

7）有条件的，还可以学习一些简易灭火器的使用方法。

7. 遭遇火灾正确脱险的办法

遭遇火灾，应采取正确有效的方法自救逃生，以减少人身伤亡

1）一旦身受火灾威胁，千万不要惊慌失措，要冷静地确定自己所处的位置，根据周围的烟、火光、温度等分析判断火势，不要盲目采取行动。

2）火灾袭来时要迅速逃生，不要贪恋财物。

3）室外着火，门已发烫时，千万不要开门，以防大火窜入室内。要用浸湿的被褥、衣物等堵塞门窗，并泼水降温。

4）身处楼房的，不要盲目乱跑，更不要跳楼逃生，这样会造成不应有的伤亡。可以躲到居室里或者阳台上，紧闭门窗，隔断火路，等待救援。有条件的，可以不断向门窗上浇水降温，以阻止火势蔓延。

5）在失火的楼房内，逃生不可使用电梯，应通过防火通道走楼梯脱险。因为失火后电梯竖井往往成为烟火通道，并且电梯随时可能发生故障。若所有逃生线路被大火封锁，要立即退回室内，用打手电筒、挥舞衣物、呼叫等方式向窗外发送求救信号，等待救援。

6）因火势太猛，必须从楼房内逃生的，可以从二层处跳下，但要选择不坚硬的地面，同时应先从楼上扔下被褥等增加地面的缓冲，然后再顺窗滑下，要尽量缩小下落高度，做到双脚先落地。

7）千万不要盲目跳楼，在有把握的情况下，可利用疏散楼梯、阳台、排水管等逃生，或把床单、被套撕成条状连成绳索，紧拴在窗框、铁栏杆等固定物上，顺绳滑下，或下到未着火的楼层脱离险境。

8）穿过浓烟逃生时，要尽量使身体贴近地面，并采取保护措施，如用湿毛巾捂住口鼻、用湿衣物包裹身体。

9）如身上衣物着火，可以迅速脱掉衣物，或者就地滚动，以身体压灭火焰，还可以跳进附近的水池、小河中，将身上的火熄灭，总之要尽量减少身体烧伤面积，减轻烧伤程度。

10）火灾发生时，常常会产生对人体有毒害的气体，所以要预防烟毒，应该尽量选择上风处停留或用湿的毛巾或口罩保护口、鼻和眼睛，避免有毒有害烟气侵害。

8. 防盗的办法

盗窃是指一种以非法占有为目的，秘密窃取国家、集体或他人财物的行为。对于外地求学的学生来说，最重要的防盗方法是加强防范意识，努力使自己的财物不受侵害。为此，给

同学们如下几点建议：

1）妥善保管好现金、存折（银行卡）等，现金的保管方法是存入银行，最好不要在宿舍和身上留存大量现金，存折密码千万不要随便泄露。

2）保管好自己的贵重物品，不要随便放置在公共场所，不带较多的现金和贵重物品到操场上锻炼，可以交给班主任代为保管。

3）养成随手关窗锁门的习惯，因上课、自习、锻炼身体等外出离开教室或宿舍时，尤其是最后离开的同学一定要锁门关窗，且不要把钥匙借给他人，防止钥匙失控造成隐患。

4）不违反学校的相关规定，留宿他人。如学生遇到此类情况，应及时制止或向寝室管理员报告，千万不要丧失警惕，引狼入室，对行为可疑的人提高警惕，发现有人在宿舍内东张西望、答非所问，应及时向寝室管理员报告。

5）周末和节日之时，注意财务的防范，因为那时宿舍人较乱、人多手杂，易顺手牵羊；要不就是宿舍空无一人，或因劳累、熟睡，易给他人造成可乘之机。

6）出行最好结伴。单独一个人走路时，遇到可疑人员，应向人多的地方走，及时避开恶性事件的发生。

7）开学之际和期末即将结束之时，注意防盗。开学之际因为同学们则返校，从家里带来的现金比较多，而期末即将结束时如果发现被盗，对方很可能已经离开学校，有的同学就是抱着离开学校回家之前好好捞一把的心态行窃的。其实我们要做好防盗工作并不难，只要我们时时提高警惕，处处留心，一定可以做好防盗工作。

8）发现形迹可疑的人应提高警惕、多加注意。遇到可疑人员，应主动上前询问，如果来人说不出正当理由又说不清学校的基本情况、疑点较多且神色慌张，则需要进一步盘问，必要时可交值班人员处理。如果发现来人携有可能是作案工具或赃物等证据时，则必须立即报告值班人员和学校保卫部门。

9）几种易盗物品的防盗方法　①现金及银行信用卡。最好的保管现金办法是将其存入银行，切忌将大额现金随意存放在宿舍或衣袋里。数额较大时，应及时存入银行并加密码。密码应选择容易记忆且又不易解密的数字，千万不要选用自己的出生日期等容易被人解读的数字作为密码。特别要注意的是，存折、信用卡等不要与自己的身份证、学生证等证件放在一起，更不应将密码写在纸上，与存折一起存放，以防被盗窃分子一起盗走后冒领。在银行存取款时，核对密码要轻声、快捷，切忌旁若无人、大声喊叫。发现存折丢失后，应立即到银行挂失。②各类有价证卡。各类有价证卡最好的保管方法，就是放在自己贴身的衣袋内，袋口应配有纽扣或拉链。密码一定要注意保密，不要告诉他人。如果参加体育锻炼等活动必须脱衣服，应将各类有价证卡锁在抽屉或箱子里，并保管好自己的钥匙。③自行车。买新车一定要到有关部门办理落户手续。自行车要安装防盗车锁，养成随停随锁的习惯。骑车去公共场所，应将车停在存车处。如停放时间较长，最好将车锁固定在物体上或者将自行车放在室内。自行车一旦丢失，应立即到学校保卫部门或当地派出所报案，并提供有效证件、证明及其他有关情况，以便及时查找。④贵重物品。如便携式计算机、手机、黄金饰品等，较长时间不用的应该带回家中或托给可靠的人代为保管。人离开宿舍时，一定要将其锁在抽屉或箱（柜）子里，以防被顺手牵羊、乘虚而入者盗走。门锁钥匙不要随便乱放或丢失。在价值较高的贵重物品、衣服上，最好有意地做上一些特殊记号，即使被偷走将来找回的可能性也会大一些。

9. 发生盗窃案件的应对办法

一旦发生盗窃案件，同学们一定要冷静应对，并做到：

1）立即报告学校保卫部门或当地派出所，同时封锁和保护现场，不准任何人进入。不得翻动现场的物品，切不可急急忙忙地去查看自己的物品是否丢失。这对公安人员准确分析、判断侦察范围和收集证据，有十分重要的意义。

2）发现嫌疑人，应立即组织同学进行堵截，力争捉拿。

3）配合调查，实事求是地回答公安部门和保卫人员提出的问题，积极主动地提供线索，不得隐瞒情况不报。学校保卫部门和公安机关有义务、有责任为提供情况的同学保密。

4）如果发现存折被窃，应当尽快到银行挂失。

10. 其他注意事项

（1）如何防诈骗

1）提高防范意识。在日常生活中，要做到不贪图便宜、不谋取私利；在提倡助人为乐、奉献爱心的同时，要提高警惕性，不能轻信花言巧语；不要把自己的家庭地址等情况随便告诉陌生人，以免上当受骗；不能用不正当的手段谋求择业和出国；发现可疑人员要及时报告，上当受骗后更要及时报案、大胆揭发，使犯罪分子受到应有的法律制裁。

2）交友要谨慎，切忌以感情代替理智。严格做到“四戒”。即：戒交低级下流之辈，戒交挥金如土之流，戒交吃喝玩乐之徒，戒交游手好闲之人。与人交往要区别对待，保持应有的理智。对于熟人或朋友介绍的人，要学会“听其言，察其色，辨其行”，而不能“一是朋友，都是朋友”。对于“初相识的朋友”，不要轻易“掏心窝子”，更不能言听计从、受其摆布利用。对于那些“来如风雨，去如微尘”的上门客，态度要热情、处置要小心，尽量不为他们提供单独行动的时间和空间，以避免给犯罪分子创造作案条件。

3）同学之间要相互沟通、相互帮助。有些交往关系，在自己认为适合的范围内适当透露或公开，更适合安全的需要，特别是在自己觉得可能会吃亏上当时，与同学有所沟通或许就会得到一些帮助并避免受害。

4）服从校园管理，自觉遵守校纪校规。绝大多数校园管理制度都是为控制闲杂人员和犯罪分子混入校园作案，以维护学生正当权益和校园秩序而制定的。因此，同学们一定要认真执行有关规定，自觉遵守校纪校规，积极支持有关部门履行管理职能，并努力发挥出自己的应有作用。

（2）如何避免打架

1）同学之间相处要讲团结、讲礼貌、讲文明、讲道德，防止江湖义气等社会不良风气侵蚀校园。

2）同学之间因生活琐事（如食堂打饭、图书馆占座、球场运动等）发生矛盾时，要冷静克制，学会容忍，“退一步海阔天空”，千万不能感情冲动，拳脚相加。

3）发现有同学打架时，现场同学不要袖手旁观，更不能火上加油。持相同观点者，或遇有老乡受欺侮时，不要推波助澜，避免出现打群架现象。

4）同学聚会时喝酒，要在人员、酒量上严加控制。尤其是对那些喝了酒容易情绪激动的同学，更要控制酒量，劝其少喝，以防酒后滋事，造成不良后果。

（3）如何防滋扰　滋扰，从广义的角度讲，是指外部人员无视国家法律和社会公德而寻衅滋事、结伙斗殴、扰乱社会秩序等行为。从狭义的角度讲，校园内的滋扰主要是指对校园秩序的破坏扰乱，对学生无端挑衅、侵犯乃至伤害的行为。一般情况下，在校园内遇有流氓滋事，一方面要敢于出面制止或将流氓分子扭送有关部门，或及时向学校保卫部门报案，或打“110”电话报警，以便及时抓获犯罪嫌疑人，予以惩办；另一方面，要加强自身的修养，冷静处置，不因小事而招惹是非，积极慎重地同外部滋扰这一丑恶现象做斗争。具体地说，在遇到流氓滋事时，应注意把握以下几点：

1）提高警惕，做好准备，正确看待，慎重处置。面对违法分子挑起的流氓滋扰，千万不要惊慌，而要正确对待。要问清缘由、弄清是非，既不畏惧退缩、避而远之，也不随便动手，一味蛮干，而应晓之以理，以礼待人，妥善处置。

2）充分依靠组织和集体的力量，积极干预和制止外部滋扰行为。如发现流氓滋扰事件，要及时向老师或学校有关部门报告，一旦出现公开侮辱、殴打自己的同学等恶性事件，要敢于挺身而出，积极地加以揭露和制止。要注意团结和发动周围的群众，对滋事者形成压力，迫使其终止滋扰。

3）注意策略，讲究效果，避免纠缠，防止事态扩大。在许多场合，滋事者显得愚昧而盲目、固执而无赖，有时仅有挑逗性的言语和动作，叫人可气可恼而又抓不到有效证据。遇到这种情况，一定要冷静，注意讲究策略和方法，一方面要及时报告并协助有关部门进行处理；另一方面要采取对其进行正面劝告的方法，注意避免纠缠，目的就是为了避免事态扩大而把自己与无赖之徒置于等同地位。

4）自觉运用法律武器保护他人和自己。面对流氓滋扰事件，既要坚持以说理为主，不要轻易动手，同时又要注意留心观察、掌握证据。比如，有哪些人在场，谁先动手，持何凶器，滋事者有哪些重要特征，案件大致的经过是怎样的，现场状况如何，滋事者使用何种器械、有何证件，毁坏的衣物和设施是什么，地面留有什么痕迹，等等。这些证据，对查处流氓滋事者是很有帮助的。同学们除积极防范和制止发生在校园内的滋扰事件外，更应加强自身修养，不断提高自己的综合素质，严格要求自己，决不能染上流氓恶习而使自己站到滋事者的行列中去。

（4）流血不止处理方法　同学们在玩耍时碰伤了身体，往往会流血不止，特别是鼻子最容易出血。出现这些情况，应该采取下列措施：

1）四肢或手指出血，应该马上用一块干净的纱布或较宽的干净布条将伤口紧紧地包扎住，如有条件，最好洒一些云南白药在伤口上再包扎。

2）如果是鼻子出血，应用手指紧压住出血一侧的鼻根部，同时稍微低下头一直到不出血为止。如果有干净棉球，可以把棉球塞进鼻孔里压迫止血。

（5）手脚冻僵了处理方法　在寒冷的冬季外出活动，常常冻得手脚发僵。手脚冻僵了，千万不要在炉火上烤或者在热水中浸泡，那样会形成冻疮甚至溃烂。正确的方法是：①应该回到温暖的环境中去，使冻僵部位的温度慢慢回升。②如果在野外，应当设法用大衣等将手脚包裹起来，还可以互相借助体温使冻僵的手脚暖和过来。③最有效的方法是用手搓，通过摩擦增加温度，促进自身的血液循环，以恢复正常。

第六部分　在校时的医疗与保险

在职业院校就读的大部分学生来自外地，远离父母，所以有必要了解在校读书和实习期间，医疗费用及意外所产生的费用应通过什么途径来解决。

根据《国务院办公厅关于将大学生纳入城镇居民基本医疗保险试点范围的指导意见》（国办发〔2008〕119号）文件精神，各省都出台了相应的文件，同时也对大中专院校学生参加城镇居民基本医疗保险政策提出相应的意见和实施办法，帮助学生解决治病难的问题。除此之外，学生还可以通过商业保险来解决医疗费用问题。下面将对学生的基本医疗保险和商业险中的人身意外商业险进行概括性的介绍。

（一）医疗保险

1. 参保范围

各类全日制普通高等、中专学校（包括民办高等、中专学校）、科研院所中接受普通高等学历教育的全日制大中专学生、全日制研究生（以下简称大中专学生），要求是学校的在籍学生，户口不在当地的也可以。

2. 参保方式

大中专学生应以学校为单位，由学校统一组织到当地医疗保险经办机构办理参加城镇居民基本医疗保险手续，并足额缴费，对新入学、转学或退学的，学校应及时为其办理补充登记或注销登记手续。

3. 筹资标准

大中专学生参加城镇居民基本医疗保险，实行个人缴费、政府补助和社会多方筹资相结合的办法。个人缴费标准和政府补助标准，按照当地中小学生参加城镇居民基本医疗保险相应标准执行，具体的标准不是全国统一的，按照当地的标准执行，通常情况年人均筹资标准为100多元，其中个人缴纳一般不超过50元，其余的为财政补助。大中专学生个人缴费原则上由本人和家庭负担。认定且未纳入城乡低保的困难学生，其个人缴费部分，由政府按每人每年一定的标准给予补助。

4. 补助水平

大中专学生参加城镇居民基本医疗保险，其住院补助水平按照《关于完善城镇居民基本医疗保险政策有关问题的通知》由各省和各自治区医疗保险管理中心发放城镇居民基本医疗保险证，参保学生凭证享受规定的基本医疗保险待遇。

参保学生基本医疗保险住院统筹基金起付标准各省都有具体的规定，大致标准为：一级定点医疗机构300元；二级定点医疗机构500元；三级定点医疗机构800元。

参保学生因病住院发生的费用，数额在起付线以下的，由学校学生基本医疗保险资金承担30%、学生个人承担70%；在起付线以上、最高支付限额以下的费用，由统筹基金按照比例分段进行支付。

（二）学生商业医疗保险的基本情况

1. 保险范围

1）凡在校注册、身体健康、能正常学习生活的在校就读学生投保后，即享有保险保障。

2）被校方开除学籍或个人因故退学、休学的投保者（被保险人）不再享有保险保障。其所交保险费按规定退回本人（当年要求退保，返还保费按次年开始计算）、保险责任终止。

2. 医疗赔付核销项目及比例

（1）医疗核销项目及比例　凡被保险人在校期间，因意外伤害、疾病到保险公司认可的医疗机构诊治、符合当地社会医疗保险部门规定的医疗费用标准，一般按照80%的比例核销给付。凡被保险人因意外、疾病住院医疗时发生的出院带药一律自负。

（2）异地医疗核销项目比例及要求

1）学生籍贯地医疗。被保险人因本人原因欲到籍贯地医疗者，须报请保险公司同意。其医疗费用的核销按社会医疗保险转院异地住院医疗个人自负比例规定，被保险人先自付医疗费用10%后，保险公司再按规定的80%核销给付。

2）非学生籍贯地医疗。被保险人若因本地医院确认，必须转外地医院会诊、治疗者，必须具备该医院转院证明等必备手续，并报请保险公司同意。凡被保险人擅自异地医疗发生的医疗费，不予核销。（学生实习期间或国家例行假期，因意外伤害或急症病就地诊疗者除外）。

3）经同意转异地医疗者，必须有指定医院的疾病诊断书等疾病确诊凭证。

4）凡异地门诊及住院医疗费核销时，均参考投保当地的社会医保核销项目关于核销范围的管理规定执行核销。

3. 保险理赔提出申请需要的材料

（1）意外伤害理赔需要的材料　门诊病历手册（每次门诊医疗，都要在手册中记载相应的医疗记录）；原始门诊收据（应有治疗或药品费用打印明细）；身份证、学生证复印件、本人存折复印件（身份证两面复印、学生证复印件应带有姓名和照片部分）；填写正确的理赔申请书（学生处办公室领取并填写）。

（2）住院医疗后需要的材料　疾病诊断书（诊治时应向医院索要，须加盖医院印章）；住院收费原始收据（有税务印章的正规收据）；医疗费用清单（明细）；出院小结（须加盖医院印章）；住院病志复印件；身份证复印件、学生证复印件、本人存折（身份证两面复印、学生证复印件应带有姓名和照片部分）；填写正确的理赔申请书（学生处办公室领取并填写）。

4. 除外责任

因下列情形之一，造成甲方学生残、亡及门诊住院支出的医疗费，保险公司不负责给付保险金。

1）甲方受益人对被保险人或被保险人的故意杀害、自杀及伤害、自伤。

2）甲方被保险人故意犯罪或拒捕。

3）甲方被保险人殴斗、酗酒，服用、吸食、注射毒品。

4）甲方被保险人受酒精、毒品、管制药物的影响而导致的意外。

5）甲方被保险人酒后驾驶、无有效驾驶执照驾驶或驾驶无有效行驶证的机动交通工具。

6）甲方被保险人流产、分娩。

7）甲方被保险人健康护理等非治疗行为。

8）甲方被保险人家庭病床、挂床治疗。

9）甲方被保险人洗牙、洁牙、验光、装配义眼、义齿、义肢或助听器等。

10）甲方被保险人罹患性病、精神病、精神分裂症。

11）甲方被保险人首次投保前所患疾病或未治愈疾病。

12）甲方被保险人因整容手术或其他内、外科手术导致的医疗事故。

13）甲方被保险人未遵医嘱，私自服用、涂用、注射药物。

14）甲方被保险人患有艾滋病或感染艾滋病毒（HIV）期间。

15）甲方未经保险公司同意的转院治疗。

16）甲方被保险人从事潜水、跳伞、攀岩运动、探险活动、武术比赛、摔跤比赛、特技表演、赛马、赛车等高风险运动。

17）甲方被保险人因战争、军事行动、暴乱或武装叛乱导致的住院医疗费用。

18）甲方被保险人因核爆炸、核辐射或核污染导致的住院医疗费用。

19）甲方被保险人参加投保后未及时续保。

20）因第三者责任，致使被保险人意外伤害所发生的医疗，应由第三者承担医疗费用，保险公司不承担给付保险金的责任。

各家保险公司经营的商业性学生保险的保险险种不尽相同，同时保险责任也不相同，学生可以咨询各家保险公司，对比后进行投保。

第七部分　如何申请加入党团组织

青年兴则国兴，青年强则国强。青年有希望，国家的发展就有希望。青年是全面建设小康社会、加快推进社会主义现代化的历史任务承担者，而我们职业院校的学生正在走向青年行列，我们都是国家最宝贵的人力资源，是国家的希望和民族的未来。我们作为国家未来的中坚力量，应该积极加入中国共产党，为党、为国家、为人民做出自己的贡献。

思想进步，要求加入党组织或团组织的学生，首先要了解党课或团课的基本情况，入党和入团的程序，入党申请书的格式写法、思想汇报的格式写法等方面的知识。

（一）党团课

1. 团课

团课是团组织对团员进行思想政治教育和团的基本知识教育的主要形式，是提高团员思想理论水平和政治素质的有效途径之一。

团课的内容一般包括以下几部分：①共青团的光辉历史；②共青团的性质、任务及奋斗目标；③团的组织原则、组织制度；④入团的条件，团员的权利和义务；⑤合格的共青团员的基本责任。

2. 党课

党课是中国共产党对党员和申请入党的积极分子进行教育的重要方式。党的各级组织通过党课，定期向党员和入党积极分子宣传党的路线、方针、政策；进行党性、党纪和党的基本知识教育。

党课是每一位中共党员的必修课。党课就是对每位党员进行先进思想教育，使其了解共产党的精神内涵，以及其先进性。每位申请入党的积极分子，都要进行党课教育。

现代社会，党课仍有其存在的必要性。它使每位党员更加了解共产党，了解共产主义，更加热爱自己的祖国。

党课结束后，相关部门会组织考试，通过考试后才能进一步进行党员的发展。

（二）入团和入党的基本程序

1. 入团基本程序

具备了入团条件（年龄在14周岁以上、28周岁以下的中国青年，承认团的章程，愿意参加团的一个组织并在其中积极工作，执行团的决议和按期交纳团费的，可以申请加入中国共产主义青年团）的青年，入团要履行严格的手续。

2. 入党基本程序

（1）自愿提出入党申请　要求入党的同志自愿向所在单位党组织提出书面申请，申请主要写对党的认识、入党动机和本人主要表现。党组织接到申请后，应派人与申请入党人谈话（一般在十五天内）进行相应教育和鼓励。

（2）确定入党积极分子　入党申请人经党小组（共青团组织）推荐、支委会（不设支委会的支部大会）审查同意后，便确定为入党积极分子。党支部将入党积极分子报上级党委备案，并通知入党积极分子本人，要求其本人写出自传（内容主要包括本人简历、家庭主要成员及主要社会关系的政历和现实表现情况），指定两名正式党员作为入党积极分子的培养联系人。

（3）进入考察期　考察期一年以上，自党支部确定其为入党积极分子之日算起。党支部每半年要对要求入党的积极分子进行一次考察，每次考察情况要填入入党积极分子考察登记表（填写考察意见时，要真实、具体、准确，既要有优点，也要写出缺点）。

（4）听取党内外群众意见　党支部派一至两名正式党员召开座谈会，听取党内外群众对入党积极分子的反映。

（5）确定发展对象　要求入党的积极分子经过一年以上培养教育后，在听取党小组、培养联系人和党内外群众意见的基础上，经支委会（不设支委会的支部大会）讨论同意，可列为发展对象。

党支部确定了发展对象，应及时向上级党委（总支）报告意见，并附送入党积极分子的政审材料、党内外群众意见的原始记录、考察材料、入党积极分子考察登记表等。

上级党委分管书记和组织部门进行审查，对符合要求的，同意确定为发展对象，并报上级组织部组织科审定，方可下发《入党志愿书》。

（6）政治审查　审查发展对象直系亲属和关系密切的主要社会关系的政治情况。对发展对象自传中反映出的情况及上述审查内容要形成综合性的政审材料和结论意见（落款处须盖上支部章）。

（7）短期培训　基层党委要对发展对象进行短期集中培训，时间一般为五至七天（或不少于四十个学时），主要学习《中国共产党章程》《关于党内政治生活的若干准则》、邓小平理论等文件。中组部组织局编写的《入党教材》可作为学习辅导材料。未经培训的（除个别特殊情况外）不能发展入党。培训后要填写培训成绩登记表并由上级组织部盖章，装入入党材料档案。

（8）确定入党介绍人　入党介绍人由两名正式党员担任，一般由培养联系人担任，也可由发展对象约请，或由党组织指定。

（9）填写入党志愿书　发展对象填写《入党志愿书》，须经上级党组织同意，在入党介绍人的指导下，用钢笔或毛笔填写。并要求其填写时要实事求是，不得有任何隐瞒和伪造。字迹要清楚，不得涂改。对《入党志愿书》上有的项目没有内容可填时，应注明“无”。在

“对党还有哪些需要说明的问题”一栏，主要填写需要向党说明，而其他栏目中不能填写的问题，或对某些栏目需要补充说明的问题。如亲友中被停职、拘留审讯等，现在尚无结论和处理的问题。

(10) 支委会审查　召开支委会，严格审查发展对象填写的《入党志愿书》和有关材料、经支委集体讨论认为发展对象合格和手续完备后，即提交支部大会进行讨论。

(11) 召开支部大会　①申请入党人汇报对党的认识、入党动机、本人履历、现实表现以及向组织说明的其他问题。

②党小组和介绍人介绍入党人的主要情况，并对其能否入党表明意见。

③支委会报告对申请入党人审议情况。

④与会党员充分发表意见，对申请入党人能否入党进行讨论。

⑤申请入党人对大会讨论情况表明自己的态度。

⑥采取举手或无记名投票的方式进行表决。

(12) 组织员谈话　在审批接收新党员前，要指派党委组织委员、组织员、其他党委成员同申请人谈话（2人以上），做进一步的考察。谈话前，组织员要对支部报来的入党材料进行审查，看材料是否齐全，手续是否完备（查看支部记录），并采取座谈或个别谈心的方式，听取党内外人员对入党申请人的反映。谈话中，主要了解被谈话人的入党动机，对党的认识和对党的基本知识的掌握情况，征求其对党需要说明的问题，帮助其提高对党的认识，指出努力的方向。谈话后，及时如实地将谈话人的意见填入《入党志愿书》，并向党委汇报谈话情况。

(13) 党委审批　党委审批要及时，必须在支部上报的接受预备党员决议三个月内审批，如遇特殊情况可适当延长审批时间，但不得超过六个月。凡无故超过规定时间而未予审批的，应追究有关人员的责任。

(14) 支部向本人发出入党通知书　党支部接到上级党委入党审批通知后，应及时通知本人并在党员大会上宣布。党支部应将上级党委批准的预备党员编入党小组活动，告诉其交纳党费的时间、规定等。

(15) 入党宣誓　预备党员必须面对党旗进行宣誓。举行入党宣誓仪式的时间，应尽可能在上级党组织批准预备党员后及时举行（一般由基层党委或党支部 ＜总支＞组织进行）。有些党支部为了使入党宣誓仪式更有纪念意义，采取在党的生日集中举行入党宣誓仪式的办法，也是可以的。

(16) 预备期的培养考察　预备期为一年，从支部大会通过预备党员之日算起。对预备党员的教育和考察，党组织通过听取本人汇报、个别谈心、集中培训、介绍人帮助等方式进行，每季度要讨论一次，发现问题及时同本人谈话。预备党员要自觉地接受党组织的教育和考察，经常向党组织汇报思想和工作情况，每半年要向支部书面汇报思想和工作一次。预备期满后，党支部要进行全面考察，并写出书面报告。各基层党委的预备党员转正材料（转正申请、个人思想工作汇报、党小组意见、党内外群众意见、党支部考察报告及发展材料）必须报上级组织部审查同意后，方可讨论审批。

(17) 预备期满　考察合格，转正。

(三) 入团申请书和入党申请书的格式

1. 入团申请书的格式

入团申请书是要求进步的青年，向共青团组织递交的表达自己愿意加入团组织的一种书信。

入团申请书从内容上看，一般要有以下几层意思：

1）要谈清自己对团组织的认识和入团要求，这是青年加入共青团组织的思想基础。

2）要结合自己的成长过程，谈自己对共青团组织的认识是如何提高的。

3）入团申请书不仅要写清自己对团组织的认识和入团要求，而且要写明自己的努力方向以及要以怎样的行动争取入团。

4）入团申请书的最后部分，也可谈谈自己以怎样的态度接受团组织的考验。

以上是从内容上谈入团申请书的写法，这里只是给大家在写入团申请书时做以参考，而不是要求每份入团申请书都要写得面面俱到，都要写成一种模式。

入团申请书在书写格式上，要注意把握好以下几个方面：①在申请书的第一行正中写申请书的名称。如："入团申请书"，字体较正字稍大。②写接受申请书的单位的名称。③写申请书的具体内容。申请的事情或理由最好分段写，以便接受申请的一方把握要领。如申请的理由比较多，可以从几个方面、几个阶段谈认识。④结尾写上表示敬重的话。如："此致敬礼""请领导批准"等语，也可以不写。⑤最后写申请人姓名和写申请书的日期。

2. 入党申请书的格式

根据《中国共产党章程》的规定，要求入党的同志必须亲自向党组织提出申请。申请可分为口头申请和书面申请两种形式。通常情况下，申请入党的同志应写书面申请。入党申请书的基本内容和写法如下：

（1）标题　居中写"入党申请书"。

（2）称谓　称谓即申请人对党组织的称呼，如"敬爱的党组织"，顶格写在第一行，后面加冒号。

（3）正文　这是入党申请书的关键部分，主要包括三方面内容：一是对党的认识和要求入党的动机，也就是为什么要入党。对党的认识，主要是对党的性质、纲领、奋斗目标、宗旨，及党的路线、方针、政策的认识；入党动机，就是参加中国共产党的目的，即为什么要加入党组织。写这部分要联系自己的思想实际，可以写通过学习党的基础知识、听了党课、参加了有意义的活动以后的思想演变过程，以及思想认识上有什么提高等。二是个人履历（学历和工作经历）、家庭成员和主要社会关系的情况。如果本人家庭成员和主要社会关系中，有人有政治历史问题，或犯过什么错误、或受到过刑事处分，都要写清楚并表明自己的态度，以便让组织上了解。三是自己的优缺点和今后的努力方向。即个人在政治、思想、学习、工作、作风、纪律等方面的主要表现，特别是对自己存在的缺点和不足要敢于指出，并向党组织表明改正的决心和努力方向，以及如何以实际行动争取入党。

（4）结尾　入党申请书的结尾，一般可写"请党组织在实践中考验我"或"请党组织看我的实际行动"等作为正文的结束。正文写完之后，加上"此致、敬礼"等用语，亦可不写。

（5）署名和日期　入党申请书写完后，要署上申请人的姓名，申请时间（年、月、日），以示郑重。

最好将正文中关于"个人履历""本人家庭成员和主要社会关系"部分单独写成《本人自传》。

自传的内容主要是姓名、出生年月、家庭出身、本人成分、个人履历，家庭主要成员及社会关系的姓名、政治面貌、职业及工作单位。本人的政治历史情况（如受到的奖励、处分等），对重要情节要提出证明人。

第八部分　如何申请加入学生会组织

学生入学后就会体会到，职业院校的学习、生活和高中时候的不同，宽松的学习环境、丰富多彩的业余生活，在这样的环境里学生们天性活泼的一面能够得到较好的发挥。特别是对学生会这个群体，很是向往，因为在那里可以打破班级和专业的界限，能够组织各种活动，在发挥自己长处的同时，还可以帮助老师和同学做事情。

学生会是学校中的组织结构之一，是学生自己的群众性组织，是学校联系学生的桥梁和纽带。学生应自觉接受学生会的领导、督促和检查，积极支持学生会的各项工作。

学生会，亦称“学生联合会”或“学生委员会”。在我国，“学生会”一词一般代指中华全国学生联合会（简称全国学联）在各院校的团体会员机构。《中华全国学生联合会章程》第四章中对“学生会”以及“学生会会员”的描述为“学生会、研究生会是学生自己的群众组织。凡在学的中国学生，不分民族、性别、宗教信仰均可为学生会、研究生会会员”。各大中专院校、高中学生会在本校党组织的领导和团组织的指导帮助下，依照法律、学校规章制度和各自的章程，独立自主地开展工作。

（一）学生会性质与任务

学生会的基本任务是：遵循和贯彻党的教育方针，促进同学德、智、体全面发展，团结和引导同学成为热爱祖国、适应有中国特色社会主义现代化建设事业要求的合格人才；发挥作为党和学校联系同学的桥梁和纽带作用，在维护国家和全国人民整体利益的同时，表达和维护同学的具体利益；倡导和组织自我服务、自我管理、自我教育，开展健康有益、丰富多彩的课外活动和社会服务，努力为同学服务。

学生会是每个大中学校不可缺少的部门，是提倡自我服务、自我管理、自我学习的学生组织，为学校学生和老师提供无偿服务的部门。学生会的任务是在学校共产党组织的领导和共青团组织的指导和帮助下，团结全体同学，贯彻党的教育方针，引导同学努力做到身体好、学习好、工作好，德、智、体、美、劳全面发展，成为有社会主义觉悟的、有科学文化知识的、身体健康的劳动者。

（二）机构设置

高等学校一般设校学生会委员会和系（科）学生会委员会两级。中等学校学生机构一般是两级：校学生委员会和班学生委员会（班委会）。高等学校又有院系（科）一级的学生委员会。

一般的学生会都设置主席团、秘书处、班联部、宣传部、组织部、安全委员会、公共部、文艺部、学习委员会、体育部、监察委员会、内务部、外联部、总务部。

（三）职能分配

学生会的各个部门各司其职，共同为老师和学生服务。下面简单介绍一下各部门的职能。

1. 主席团

1）主席团设主席 1 名，第一副主席 2 名，副主席若干，实行民主集中制，2 年一届，为学生会的常设最高领导。

2）学生会主席团有撤销下辖部门的决定权，并拥有最高干部任命权、最高审议权。

3）学生会全体会议为学生会最高权力机构，主席团为其常设机构，学生会若1/3的干部对主席团决定不服，可要求召开学生会全体会议审议主席团决定，全体会议可撤销主席团决定或罢免该届主席团，选举新的主席团。

4）主席团若不服全会决定，可终止全会，重新召开全会，第二次全会决定其去留（第二次全会主席团无权停止）。

2. 秘书处（总干部部）

1）协助主席、团委副书记组织学生各项工作，当好参谋，协调各职能部门开展工作，监督其工作开展情况，收集工作总结。

2）起草、制定学生分会办公室文件和条例，收发有关文件和整理并保存文件等。

3）同时根据《××大学分团委、学生会干部量化考核条例》对分团委、学生会干部实行量化考核和任命干部。

4）负责大型会议的会务以及考勤、记录工作。管理好分团委、学生会办公室。

5）安排学生会干部值班，听取同学意见并及时处理或向有关部门反映情况。对学生干部的思想素质、履行职责情况、工作政绩及宿舍内务情况全面考评，并在全委会上通报，给予表扬或批评。

6）接受下级部门对上级部门的建议和检举。

3. 班联部

1）由各学院各班班级成员组合而成，包括部长一名、副部长一名，干事若干名。

2）协助团总支、辅导员组织学生各项工作，传达学校学院的各种信息，加强各班各级之间的联系。

3）负责对班委和其他同学的监督，有问题的立即提出，以免损害班级以及学校利益。

4）配合学院对班级、优秀班干部的评优活动；把学生联合在一起，成为一个紧密相连的大家庭。

5）加强师生之间的联系；调节各班出现的矛盾，做到我中有你，你中有我。

6）通知召开学生会的各级会议。

4. 宣传部

1）运用多种形式组织团员学习马克思列宁主义、毛泽东思想，学习政治理论、时事政治，上好团课，对团员进行党团的基本知识的教育。

2）根据党组织和上级团委指示，围绕中心工作，开展宣传工作。

3）了解青年团员的思想意识情况，提出宣传教育工作的意见，起草宣传教育讲稿。

4）负责分团委的通讯报道，领取和保管好分团委的报纸杂志。

5）宣传“挑战杯”——中国大学生创业计划竞赛活动的意义、程序等。

6）负责校内的相关新闻、信息的采集与报道。做好团委、学生会工作的网上宣传，加强宣传力度，扩大团委、学生会的影响力。

5. 组织部

1）了解和掌握团委的组织状况，做好团员的管理工作。负责团员组织关系的转接，团员注册和组织情况统计，办理进步青年入团和超龄团员离团的工作。

2）负责对青年积极分子进行培养、教育和考察，提出发展新团员的意见，办理新团员入团手续。

3）定期每两周过一次组织生活，并按规定时间向团委组织部上交团支部工作手册。

4）负责团费的收缴，年度团籍注册工作，接转组织关系和发给新团员团徽、团员证等工作。

5）负责团员的模范事迹和遵守团的纪律情况，建议团支部、分团委和团委给予表扬、奖励、批评或处分。

6）定期对团员进行组织性、纪律性教育。

7）每年组织搞好团员民主评议工作。

8）组织好“优秀团支部”“优秀团干部”“优秀团员”的评比工作。

6. 安全委员会

1）指导和组织全体团员的各类实践活动，负责检查意识形态方面的问题。

2）组织安排寒暑假的社会调查、勤工俭学等活动，抓好社会实践活动的总结，组织对社会实践、社团活动、社会调查报告的评选和表彰，举行调查报告会等。

3）指导和帮助团委各社团的工作以及各社团制订学期工作计划，提出社团经费方案和管理社团活动经费，审批社团的活动（包括讲座等）。

4）规范社团的日常活动及管理。

5）保卫学校公共事务安全和监督干部。

6）安全委员会直接隶属主席团，不受监察委员会监督，可以撤销监察委员会决定。

7. 公共部

1）改善学校风气和人际关系，为同学们的学习生活创造良好的校园环境。

2）培养青年的公民意识、奉献精神和服务能力，促进青年健康成长。

3）为具有特殊困难以及需要帮助的社会成员提供服务。

4）积极配合学生会完成迎新晚会、公益活动等各项工作，规划组织青年志愿活动，培训青年志愿者。

5）开展与校内外志愿者组织和团体的交流，尽己所能奉献社会。

6）推动校区精神文明建设，培养同学们的责任感和奉献精神，提高同学们的总体综合素质。

8. 文艺部

1）以提高广大团员的艺术修养，丰富课余文体生活为宗旨组织各类文艺活动。

2）组织团员开展丰富多彩的有益于身心健康的文艺活动，负责组织团委文艺比赛，积极组织迎新和欢送毕业生及学校的其他文艺活动。

3）与学生会体育部加强沟通与协作。

4）培训文艺活动骨干，搞好文艺普及工作。

5）协助社团部做好相关社团的日常工作。

9. 学习委员会

营造良好的学习氛围，促进优良学风的形成，具体工作如下：

1）严抓学习纪律。制订详细的《考勤制度》，严把考勤关。

2）开展学术性活动。根据学校的专业特色和实际情况，开展各类学术性活动。

3）加强师生之间的沟通与了解，做好“教”“学”双方的信息反馈工作，配合教改的顺利进行。及时了解并解决学生学习上的问题，协助有关部门抓好学风建设。参加“评教”活动，积极反映学生对学校教学、教育工作的要求和意见，并及时向教务处反馈。

10. 体育部

为提高全校同学的身体素质及体育技能，积极开展各项体育活动，丰富同学们的课余生活。具体工作如下：

1）组织好全校同学的早操锻炼。

2）切合实际地开展各种球赛、体育竞技比赛。

3）选拔优秀的运动员组成田径队、篮球队、足球队等，参加比赛。

4）大型活动期间，配合其他部门做好后勤准备工作。

11. 监察委员会

1）监察委员会是学生会设立的监督机构，起着协助学生会做好学生干部的检查工作、监督及培训工作的作用，并对全院学生的日常行为进行监督，有权对部长及其以下干部处以停职处分。

2）接受和处理广大同学对违纪学生干部的举报，并上报主席团给予严肃处理。

3）对全校学生进行监督、检查，使之规范自己的日常行为，提高自身综合素质。

4）监督执行校系各项规章制度，培养同学们的自律意识，全面推进校风、系风建设。

5）监督班级晚自习考勤，肃整学习纪律。

6）协助保卫部门做好校园内的安全保卫工作；维持会场、大型活动或公共场所的秩序。

7）监察委员会有权停止部长级别干部及其以下干部的职务。（除安全委员会）

8）监察委员会设有主席团，直接向学生会全体会议负责。监察委员会主席团设监察委员会主席一名，第一副主席一两名，副主席若干，主席团委员若干，候补委员若干。

9）职责与安全委员会相辅相成。

12. 内务部

1）以“为同学服务”为宗旨，关心同学生活，及时、合理地反映同学呼声。配合有关部门解决同学们的生活问题，协助学校进行管理。

2）与相关部门组织“学雷锋”义务活动。

3）与学校相关部门建立经常性的联系，及时反映学生有关生活方面的意见和要求，维护学生利益。

4）配合学院定期做好宿舍这一学生生活场所的卫生检查，及时发现问题，并上报有关部门处理。

5）主动关心同学的身心健康，为同学提供一些力所能及的服务工作。

6）协助其他各部门开展工作，完成上级交办的其他任务。

13. 外联部

1）负责学校公众形象塑造工作，对外加强本校与外校的工作和活动联系。

2）全面宣传和展示学校特色，加强学校与外校、外单位的联系与沟通，并努力寻求赞助。

14. 总务部

1）负责大学生科研立项、学术报告会等课外学术科技活动和社会公益性活动的开展，提高大学生的思想观念。

2）组织和引导大学生走向社会，参与各种社会实践活动，提高大学生的社会实践能力，促使他们在实践中增长知识、能力。

3）组织全校的青年志愿者在校内外开展一系列志愿者服务活动，增强大学生的志愿服务意识和奉献精神。

4）协助分团委、学生会各部门开展工作，指导院系的社会实践工作。

5）深入社会，与部队、企事业单位、社区街道办等建立良好的合作关系，积极拓展社会实践阵地。

6）与各兄弟院校加强联系，增进交流。要抓住各种机会，创造实践可能。尽力为广大同学提供锻炼与展现能力的机会，促进理论与实践的紧密结合。

（四）学生会成员应该具备的素质

学生会干部不但要学习好，还应具备以下能力素质。

(1) 政治思想素质　学生干部作为学生基层组织各种活动和工作的组织者和领导者，必须具有较高的政治觉悟和思想品质。学生干部本身的道德品质及由此产生的道德效果对学生影响很大，高尚的道德情操是学生干部自身的榜样力量和吸引、感召、引导人的内聚力。俗话说，“其身正，无令则行，其身不正，虽令不行”，大学学生干部更应以身立教、为人楷模，把学生紧紧地吸引和团结在自己的周围。同时，学生干部要注意培养自己的事业心，自觉认识自己所从事的学生工作的重要意义，明确自己所肩负的重托，增强责任意识，保持旺盛的工作热情，兢兢业业，积极工作。

(2) 能力素质　学生干部要想出色地完成各项工作任务，就应不断增强领导才能，提高能力素质。大学学生干部的能力素质包括很多方面，其中最主要的有以下几个方面：①交往能力。大学学生干部要熟悉交往艺术，善于同各种类型的同学交朋友，学会与各种群体和组织打交道。只有这样，学生干部才能和同学以及其他组织和群体建立密切的关系，各种信息也会源源不断地向自己传来，为开展各项工作创造一个宽松的外部环境，以扩大视野，开拓思路，做好各项工作。②分析、判断能力。学生干部面临的工作往往是纷繁复杂的，这就需要提高自己分析、判断各种社会现象、社会思潮和客观事物等各种信息的能力。没有正确的分析和判断，就没有正确的决策，也就没有正确的领导行为。③决策能力。决策是领导行为的基本功能，领导行为的效果，依赖于决策的性质。学生干部应根据学校布置的中心工作，结合本部门或本系、本班、本小组的特点和具体工作的实际情况，找出关键问题所在，权衡利弊，及时做出有效可行的决策。④组织能力。学生干部要把性格各异、素质不同的同学组织起来，合理安排，充分调动每个人的积极性，把他们的活动协调起来，团结互助，拧成一股绳，为共同目标的实现而努力，保证决策的实现。⑤创新能力。学生干部能不能干出成绩，能不能超越自我、超越别人关键在于有无创新能力，在工作中能不能提出新见解、新方案，能不能打开新局面。

(3) 心理素质　良好的心理素质是学生干部对同学实现有效领导的又一重要因素。它包括广泛的兴趣、丰富的情感和坚定的意志等方面。一个人如果兴趣狭窄，情感贫乏，意志薄弱，性格孤僻，缺乏主动精神和自主能力，人际关系不协调，是很难有大的作为的。相反，一个人有了广泛的兴趣，才能使自己更加接近和了解同伴，更多地涉猎各方面的知识，增加和同伴的共同语言，从而有效地激起和培养群体成员的集体主义观念。丰富的情感是联络和沟通同学之间关系的有效途径，它可以增强领导者的感染力和影响力，得到同学的信任和敬佩。坚定的意志就是要求干部要自觉地确定目标并为实现这一目标而努力奋斗，在工作中表现出主动精神和独立自主精神，勇于为自己的决定和行动承担责任。对工作中出现的挫折和干扰有坚强的自制力，善于控制自己的情绪，保持高度的自信心。只有这样，才能带领同学完成预定任务。

(4) 集体荣誉感　学生干部个体的素质固然十分重要，但如果集体素质不平衡，就会导致群体领导层的内耗。对于大学生群体的干部来说，合理的集体素质构成应该具有互补性。它要求各位学生干部在性格、气质、能力上彼此取长补短、优化组合，并互相尊重，注意满足对方的需要。这种心理上及能力上的互补有利于学生干部集体的团结，有利于形成集体的合力。

第九部分　如何申请加入社团组织

社团是职业学校校园文化的重要组成部分。社团文化的建设成功与否，与学生的课余生活的丰富与否密切相关。每个学校都有非常多的社团，简直就是“天下有多少种行业，学校里就可以有多少社团!”例如，书法协会、英语协会、话剧社、舞蹈协会、笛箫协会、新小康协会、登山协会、太极拳协会等。

对于五花八门的社团，新生可能会眼花缭乱，但是归纳起来学生社团的范围基本包括以下八种：文化型、娱乐型、体育型、专业型、研究型、实践型、新闻型和服务型。也有学校把社团类型划分为五类：文学艺术类、学术科技类、体育健身类、公益服务类和新闻宣传类。

(一) 社团的作用

1. 可以锻炼学生的组织能力

一个社团从组建到社团活动的正常开展，都需要组织者发挥计划、组织、激励、协调、控制等各种能力。由于社团是学生自发组织而成的，往往缺乏活动经费和场地支持，在组织社团活动过程中，组织者要克服场地难、经费难的问题，不论最终是否能克服这类难题，都对社团组织者是个锻炼。

2. 可以培养学生的集体观念

学生社团通过开展活动，增强了解，增进友谊，通过制定一系列规章制度对社团成员进行规范化管理，能很好地培养学生的集体观念。

3. 可以开发学生的创新能力

由于学生社团是建立在成员共同的兴趣爱好基础上的，相对于其他的学生团体，社团成员更容易沟通，从而最大限度地调动和发挥学生的主观能动性，为学生举办社团活动出谋划策，在活动中涌现出更多的创意和新意。例如，某校经济协会注意到学生娱乐场所较少，便想方设法创立了一个学生娱乐中心，进入这个场所，学生可以随意喝点饮料，听听音乐，再随意地给设在娱乐中心的“费用箱”里投点饮料费，有点类似于校园酒吧。虽然这个想法有点脱离实际，最终也由于场地的限制未能实施，但是学生的这个创意是不能否认的。

4. 可以促成校园文化的形成

丰富多彩的社团活动是校园文化的重要组成部分，通过社团开展活动，能够为学生的课余生活提供更为广阔的活动空间，也有利于树立良好的学风和校风，从而为校园文化建设做出一定的贡献。例如通过讲座，能获取学科前沿的最新研究成果；通过模拟法庭活动，可以培养学生的法律意识；通过英语角，可以锻炼学生的英语口语；通过小品表演，可以提高学生的艺术欣赏水平等。所有这些，都补充了其他学生活动在校园文化建设方面的不足。

“发展才是硬道理。”社团的发展也是学校教育是否成功的一面镜子。没有哪个学校不希望学生社团能够发展壮大的。但在很多人看来，学生会和社团相比，其差别就是“官方的”和“民间的”的区别。学校领导一般比较重视和扶持学生会的发展，但对“民间”的社团好像有点轻视。

（二）成立社团的条件和提交的材料

1. 成立社团的条件

申请成立新的学生社团必须符合以下基本条件：

1）有明确、规范的社团章程。

2）明确社团活动的内容和开展活动的方式，以及接纳社团成员的办法。

3）有相应的筹备组织机构、明确的社团筹备负责人。

4）有可靠的活动经费来源和相应的管理办法。

2. 成立社团应提交的材料

申请成立学生社团应向院团委提交下列材料：

1）负责人签署的申请书。

2）社团组织的章程。各学生社团章程包括以下内容：①社团组织的名称；②社团的性质和宗旨；③会员的权利和义务；④组织机构及负责人产生的程序和职权范围；⑤社团组织的经费来源及管理办法。

3）主要负责人的姓名、年龄、简历。

4）成员范围以及计划招收的成员数量。

5）指导教师或有关指导部门。

（三）经费管理和申请活动场地

1. 经费管理

1）各学生社团的活动经费原则上自筹，可以收取一定的会费作为活动基金。社团活动基金要有专人管理，及时向全体社员公开，账目要清晰。院团委定期检查监督。

2）团委根据社团的需要提供一定活动经费，主要用于大型活动奖励。

3）如需利用学校资源获得外单位赞助，应由大学生科协与有关部门进行协调，并归口管理赞助经费。

2. 申请活动场地

学校会对社团使用学校场地进行管理，活动场地应向学校的社团管理部门进行申请。未经批准，擅自占用场地开展活动者，所造成的后果由社团负责。各个学校的具体要求不一样，但是大致都要做到以下几点。

1）填写登记表，填写内容务必翔实、准确；填写完成后上交到社团管理部门审批并加盖公章。

2）如果申请的场地不是教室就可以直接使用了，但是如果使用学校公共教室作为活动场所，需填写课室借用申请表，填写妥当后交至社团管理部门审批，方可到教务处申请场地。

3）将审批后的课室借用申请表交到教务处，由教务处安排所借教室并填写回执。从教务处取回填毕的回执，一份交管理部门存档，一份由社团保存，并在使用教室之前送至教学楼值班室。

4）社团应遵守活动场所的使用规定，自觉爱护活动场所的公共财物，由于社团使用不当造成的各种损失，由社团自行负责。

5）社团须服从社团管理部门及教务处等学校职能部门对教室、器材借用的安排。如有特殊情况不能按以上手续办理，须由社团负责人及时向社团管理部门说明，经认可后视情况予以协调处理。

第十部分　学生证和火车票优惠卡

（一）学生证

学生证就是刚入校时由学校签发给本校已获得学籍的学生的身份证明文件，用以证明学生在本校就读和证明学生身份。一般上面会有盖有学校钢印的本人一寸彩色或者黑白照片，有所在学院以及班级，还有在校年限（入学时间—毕业时间）。

1. 学生证的办理

学生证是用以证明学生在本校就读和证明学生身份的证件，学生应妥善保管、爱护和使用，谨防丢失。新生入学后，经复查合格并取得学籍者，可发给学生证。每学期开学时学生应持学生证在规定的时间内，到所在系办公室办理注册手续，加盖“注册章”后有效。

2. 学生证注册

学生在每学期开学后的两周内到所在学校的学生管理部门为自己的学生证进行注册，一般由各班的班长到学生管理部门统一办理注册手续，没有注册的学生证无效，不能享受火车票优惠。

3. 学生证使用

1）学生证和校徽限本人使用，不得转借他人使用。

2）凡不慎损坏或丢失学生证，允许申请补发，申请补发时按下列程序办理：①不慎损坏学生证，由本人交付书面补发申请，向所在学院领取学生证补办申请表，如实填写，经辅导员（班主任）签署意见，相关部门盖章，携带损坏的原件到学生处办理。②不慎丢失学生证，应及时向学院办公室报失、登记；对丢失学生证者，须登报声明该证作废，要求补发时，填写学生证补发申请表，经辅导员（班主任）签署意见，院办公室审核、盖章后报学生处，办理登记手续，缴纳登报费，从登报之日起须有一个月考察时间，确无找回可能时给予补发。考察期间如找回，可与学生处联系撤回申请。

3）学生证各栏内容不得擅自涂改，经审定的各栏内容需要更改，应持本人书面申请和相关单位、部门的证明材料，到学生处办理。

4）学生退学或毕业离校时应缴回学生证，由学校统一注销后，给学生留作纪念。对丢失或故意不缴者，视情况给予适当罚款。

注意：以上挂失过程以及收缴规定仅供参考，学生证及收缴以所在学校（学院）规定为准。

5）有下列情况之一者将分别给予处理：①故意转借他人使用，经查实后，除没收外，并视情节轻重给予批评教育或校纪处分，由此而造成丢失者，一律不予补发。②擅自涂改学生证各栏内容，将给予严肃处理；对利用学生证弄虚作假者，给予校纪处分。③以欺骗行为办理多证者，一经查实，除没收外，将给予校纪处分。④利用学生证、校徽从事不正当活动者，一经查实，除没收外，并视情节轻重给予警告以上处分。

（二）火车票优惠卡

火车票优惠卡，又称火车票学生优惠卡、学生购票优惠卡等。

目前我国有上千万的大中专在校学生，每年暑假、寒假都有大量学生需要回家探亲休假。按照国家有关规定，家庭住址与学校不在同一地点而且没有工资收入的普通高校学生及中专学生，可凭其学生证购买半价优惠火车票。这是国家对学生假期回家探亲休假的优惠和照顾。

1. 使用火车票优惠卡的目的

随着我国经济和社会的高速发展，流动人口也随之增加，近几年来不少犯罪团伙利用学生假期可购买半价优惠火车票的政策，大量制造和贩卖假学生证。这种违法行为扩展迅速，给国家和铁路部门造成了巨大的经济损失。这种现象已经引起有关部门的高度重视。

为了维护正常的社会秩序，有力打击非法制造和贩卖假学生证的违法行为，铁道部、教育部要求必须尽快利用现代科技手段对学生证进行有效识别和管理。火车票优惠卡是防止利用假学生证购买半价优惠火车票和对购票次数进行记录的有效载体。

2. 功能和特点

火车票优惠卡具有以下功能和特点：①对学生证具有防伪和信息数字化的作用，在优惠卡中可以写入学校名称、学生姓名、学号、乘车区间等信息，同时还可记录学生可购票次数和已购票次数等信息。②优惠卡不可重复使用在不同学生证上，优惠卡一经粘贴在学生证上，如果试图撕揭，则必将损坏优惠卡，这不仅实现了证、卡合一，同时也避免了假冒和仿造的可能性。③使用寿命长，由于电子标签是无源器件，其内部 IC 的电源由识别器通过射频提供，只在工作时才给标签内部的 IC 芯片供电，这使得电子标签绝大部分时间处于非工作状态，因此电子标签的使用寿命长，读写次数高，优惠卡中的数据可以保存 10 年以上。④保存在优惠卡中的数据具有很高的安全级别，在优惠卡自身硬件加密特性的基础上，还采用了数据加密和校验技术。由于每张优惠卡具有全世界唯一的序列号（只读），为此采用了“一卡一密”的加密技术，使每张优惠卡的密钥均不相同。⑤操作方便，在使用优惠卡时，操作者可以非常方便地完成学生信息的读写、充值、购票、退票等操作，从而避免了采用其他防伪方式给工作人员带来的烦琐劳动。

3. 火车票优惠卡使用说明

按照教育部和铁道部有关规定：“火车票学生优惠卡”每充值一次，最多只能购票 4 次，购票 4 次之后，学生需持优惠卡到学校有关部门再次充值。

（1）学生购买“火车票学生优惠卡”的条件　按照教育部办公厅、铁道部办公厅文件《关于高等学校学生购火车票使用优惠卡的通知》（教学厅［2003］1 号）精神之规定，学生必须具备以下条件才能购买“火车票学生优惠卡”：

1）学生就读的学校有实施学历教育资格。

2）学生家庭和学校不在同一地，可乘火车回家或返校。

3）学生没有工资收入。

（2）学生火车票优惠时间　学生火车票优惠时间为：12月1日至3月31日，6月1日至9月30日。

按照铁路部门的要求，学生只有购买普通硬座才能享受价格减半的政策。由于卧铺的价格包括硬座和铺位价格在内，学生购买卧铺的票价为硬座票价一半加上原有的铺位价格。此外，动车组一等座不享受学生票优惠，二等座享受公布票价的75%优惠。